心书

[三国] 诸葛亮 原著

王岩鹏 译注

山西出版传媒集团 山西人民出版社

U0724565

图书在版编目（CIP）数据

心书 /（三国）诸葛亮原著；王岩鹏译注. -- 太原：
山西人民出版社，2024.4
ISBN 978-7-203-13308-7

Ⅰ．①心… Ⅱ．①诸… ②王… Ⅲ．①《心书》
Ⅳ．① E892.362

中国国家版本馆 CIP 数据核字（2024）第 064810 号

心书

原　　著：（三国）诸葛亮
译　　注：王岩鹏
责任编辑：翟丽娟
复　　审：李　鑫
终　　审：贺　权
装帧设计：仙境设计

出 版 者：山西出版传媒集团·山西人民出版社
地　　址：太原市建设南路 21 号
邮　　编：030012
发行营销：0351—4922220　4955996　4956039　4922127（传真）
天猫官网：https://sxrmcbs.tmall.com　电话：0351—4922159
E-mail：sxskcb@163.com　发行部
　　　　　sxskcb@126.com　总编室
网　　址：www.sxskcb.com

经 销 者：山西出版传媒集团·山西人民出版社
承 印 厂：三河市金泰源印务有限公司

开　　本：710mm×1000mm　　1/16
印　　张：12
字　　数：175 千字
版　　次：2024 年 4 月　第 1 版
印　　次：2024 年 4 月　第 1 次印刷
书　　号：ISBN 978-7-203-13308-7
定　　价：58.00 元

《心书》又称《心经》，是诸葛亮关于军事思想的重要代表作之一。这本书虽然只有寥寥 5000 字左右，但博采众家之长，基本上汲取了《孙子》《吴子》《六韬》《司马法》《左传》中的精华。本书通过设置 50 个问题，从各个角度论述了为将之道，比如，讲述了将领的道德素养、将领与君主之间的关系、将领的用人之道、将领的军事素质、严明军纪等内容。

《心书》是诸葛亮本人的战略战术思想以及治军带兵方略的集中体现，虽然言简意赅，但是蕴含的意义深远，对我们现在的生活也有很大的借鉴意义，尤其在团队建设、团队管理方面，《心书》的作用和价值不可忽视。

本书侧重于对《心书》进行解释和解读，目的是将其内在的价值在当今世界的管理体系中呈现出来，讲述管理者的管理之道，即如何成为一名优秀的管理者，以及如何避免在管理工作中犯下一些常见的错误。

在这个世界上，从最小的团队，到最大的组织机构，都面临着一个最基本的问题——管理。一个团队想要获得发展，管理者需要思考如何把员工带好，需要想办法让团队释放出最大的能量，然后借助团队的整体性来创造价值。

如何成为一个优秀的管理者，从古至今都有不同的见解，每个人对于优秀管理者的定义都有自己不同的看法，比如，诸葛亮把将领分为九种类型：仁将、义将、礼将、智将、信将、步将、骑将、猛将、大将。不同的将领拥有不同的技能和能力，简单来说，就是管理属性不同。

但是，将领管理军队的最终目的是培养一批能打仗的人，打造一支强大的部队，为了实现这个目标，将领需要内外兼修，做到严明纪律、作风端正、生活自律、赏罚分明、勇猛无敌、智慧过人、指挥能力突出、善于用人、善于利用各种条件、善于处理人际关系等。

诸葛亮通过50个问题来阐述管理者应该具备的能力，而这些具体的内容，就是管理的一部分。换言之，管理者想要在管理方面发挥出更大的作用，进而打造一个优秀的具有竞争力的团队，就需要团队的每个人在个人能力、个人道德素养、精神力量等多个方面有更加出色的表现，需要他们将自己提升到更高的层次。

一些管理学专家将管理者划分为五个等级。

第一级管理者具有出色的能力，他们在专业素养上具有很强的权威性和说服力，是团队的技术骨干。这一级的管理者虽然拥有突出的专业技能，但是缺乏管理才能，技术上的优势并不能弥补管理上的不足，这类人往往不是合格的管理者，他们在处理管理事务时往往会出现一些错误。一些技术出身或者沉迷于技术研究的管理者，并不能像熟练操纵技术那样来管理其他人。

第二级管理者则侧重团队精神与合作意识，他们很好地诠释了"集体"的概念，愿意和其他成员一起配合，一起进行高效合作。这类管理者非常善于调动成员的积极性，并且会主动为团队利益而放弃自身利益，他们天生就是为团队服务的。这种突出的意识决定了他们的工作模式，也提升了他们的交际能力和协调能力。但是，他们有一个最大的缺点——缺乏战略布局和统筹规划的能力，无法对团队进行更合理的布局，并让其顺利执行。

第三级管理者在一定程度上弥补了第二级管理者的不足，他们是天生的组织者和分配者，如何确保内部资源配置最大化是他们最擅长的工作，将每个人安排在合适的岗位上，将每一种资源运用在合理的工作中，将每一分钱花在最值得花的地方。这些都是他们的强项，但是管理工作的范畴很大，协调和组织只是其中一项，他们在其他管理方面显然做得还不够出色。

第四级管理者则属于高效的管理者，他们非常看重绩效，也能够有效提升团队绩效。在日常工作中，他们会反复强调目标的重要性，明确奋斗的目标，然后全身心投入其中。在工作中，他们的职业素养令人钦佩和期待，他们也善于激励和引导其他人去追逐目标，但他们在一些细节问题上很多时候做得不够到位。

第五级管理者也被称为五级执行官，他们往往拥有强大的个人能力和领导能力，非常善于管理，掌控能力很强，但他们非常谦逊，在团队中总是保持勤奋、谦逊的态度。他们雄心勃勃，拥有远大的理想和目标，在关键决策上也不会头脑发热，一直保持着冷静和理性。他们在工作中拥有很强的抗压能力和自我调节能力，遇到困难和挫折时，也能够坚持下去，不会轻易退缩和放弃。作为推动团队可持续发展的主要策划人，第五级管理者目光长远，不会拘泥于当前的发展目标，也不会被当前的利益所束缚，保障着团队宏观战略规划的推进。

第五级管理者的概念很好地契合了本书的主旨，诸葛亮所强调的为将之道，基本上也包含在这五个层级之中。而关于管理的诸多问题以及管理者的具体职能，也可以在这五个层级中寻得答案，那些最优秀的将领、最出色的管理者，往往具备第五级管理者的特征。

诸葛亮在书中对管理问题进行了细化，这些问题的背后指向了管理者的管理艺术，管理艺术的背后则是管理者综合素养的体现。管理者的职责是释放人的价值，而将所有个体的价值汇聚成团队的价值，就需要强大的管理能力来支撑，需要管理者在各个方面都要拥有卓越的能力。

管理是一个体系化的东西，带人需要技巧，管理人需要方法，带领团队生存和发展需要谋略，对于管理者来说，他们需要借助个人能力和魅力引导内部成员，规范他们的行为，同时依靠管理制度和企业文化来构建更好的工作氛围。总的来说，团队管理是一个非常复杂的课题，它不仅是管理者个人的行为，还是个人行为背后体系化的支撑，是一种管理模式、思维模式和发展模式。

这是本书的一个重要切入点，从管理者带人、管人的方式出发，强调管理模式和管理思维的重要性，确保管理者可以在一种合理的状态中管理人才，可以在一种更高效的状态下引导团队不断发展和突破。诸葛亮在书中提到的一些话题都是日常管理和团队建设中最常见的一些问题，也是管理者最关心的问题，因此在对本书进行解读的时候，也已尽可能地将其与当前社会的管理模式结合起来，向读者传递相关的管理信息，帮助读者了解管理的一些基本理念和基本方法，以此来构建更加成熟的思维体系。对于那些有意从事管理工作的人来说，这本书就是一本非常好的职场读本，可以帮助更多人发挥自己的管理才能，带领团队真正走向成功。

编者
2023 年 8 月 20 日

目录 CONTENTS

兵 权

第一篇

夫①兵权者，是三军②之司命③，主将之威势④。将能执⑤兵之权，操⑥兵之势⑦，而临⑧群下⑨，譬如猛虎，加之羽翼，而翱翔四海，随所遇而施⑩之。若将失权，不操其势，亦如鱼龙⑪脱于江湖，欲求游洋之势，奔涛戏浪，何可得⑫也。

注释

① 夫：发语词，起提示作用。
② 三军：军队的统称。
③ 司命：掌握命运所在。
④ 威势：威严。
⑤ 执：执掌。
⑥ 操：掌控。
⑦ 势：威严。
⑧ 临：管理、统治。
⑨ 群下：下属，这里指军队。
⑩ 施：处置。
⑪ 鱼龙：鱼和龙，均为长有鳞片的水族动物。
⑫ 可得：可能。

所谓兵权，就是将领统率三军时所掌控的权力，也是将领发号施令时所建立的威信，如果将领可以执掌兵权，树立威信，那么他们在领兵打仗的时候，就如虎添翼，任意驰骋，他们可以根据战场上瞬息万变的形势做出灵活的变动。反过来说，一旦将领失去兵权，就无法树立威严，就像水里的鱼和龙脱离江河湖海一样，想在海洋里遨游，在惊涛骇浪里驰骋，这是根本不可能做到的事情。

解　读

在团队管理中，有一个很重要的内容，那就是权力的分配问题，权力不仅是个人制订计划、推进计划落实、保障计划实施的重要保障，也是管理者发挥个人能力、释放价值的基础。诸葛亮在《心书》中也谈到了这一点，他认为管理权代表了威严，代表了个人的地位和权力，只有拥有足够大的权力，才能下达指令，才能够掌控局势，也才能够约束和引导团队成员的行为。反过来说，如果管理者没有实权，就会丧失控制权，个人的计划、理念、指令都无法落到实处，对于团队发展的整体架构和规划将会成为空谈，而且下属们可能会各自为政，整个团队也许会变成一盘散沙，甚至出现严重的内斗和内耗。

古人打仗，将领必须将军队控制权牢牢掌控在自己手中，这里的控制权就是兵权，或者说调兵遣将、排兵布阵的权限，没有兵权的将领就像被拔了牙的老虎，根本没有办法施展自己的军事才华。诸葛亮在初入刘备阵营时，曾被关羽、张飞等人质疑，处处针对和排斥他，此时的刘备很聪明，直接将大军的管理权限交给诸葛亮，而指挥权在手的诸葛亮也就有了管理的底气，无论是排兵布阵，带兵退敌，还是利用权力向关羽、张飞下达指令，诸葛亮都没有任何后顾之忧。因此，手握兵权是诸葛亮可以快速展示才华的一个重要原因。

在现代管理体系中往往也是如此，如果一个企业的管理者没有任何管理实权，那么他的管理工作将会非常被动。比如，管理者希望团队执行 A 计划，为此制订了一个非常详细的方案，只要按照这个方案执行，团队就可以获得很大的收益。可是由于没有实权，员工可能会抵制或忽视这个方案，他们或许会按照自己的理解，制订一个 B 计划，然后私自按照 B 计划运作。

按照企业制订的规章制度，如果员工违反规定或擅作主张或拒不执行计划，管理者可对其给予严厉的惩罚。可实际上，这些惩罚仅仅停留在口头上，因为管理者并没有权力和威严，员工根本不把这些惩罚当一回事，即便是那些批评声，他们也可以完全置若罔闻。此时，管理者实际上已经失去了对团队的控制，他的威严、指令，根本发挥不了任何效力，他没有办法发挥自己的天赋，也无法实现自己的价值。

从企业管理的角度来说，管理者如果失去管理权，会导致企业陷入困境，因此，如何保障和掌控管理权限，是管理者应该重点关注的问题。

这里涉及两个方面：第一个是来自最高管理者的授权。简单来说，最高管理者需要授权给团队的管理者，让他全权负责对团队相关事务的掌控，就像刘备将军队指挥权交给诸葛亮一样。如果刘备是一个昏庸且目光短浅的人，始终将军队指挥权牢牢握在自己手中，那么毫无实权的诸葛亮根本没有足够的权力和威严来调动军队打仗。

所以，在授权问题上，最高管理者一定要做到用人不疑，疑人不用，只要发现了人才，就要勇于分权、放权，给予他充分的管理权限，让他得以施展自己的才能。

第二个是适度放权。授权并不意味着完全意义上的交权，真正的分权和授权只是对相关事务、相关部门的管理权限进行暂时性移交，掌控大局的管理权限还是应该掌握在最高管理者手中。简单来说，最高管理者由于个人精力、能力的问题，不可能做好所有的工作，他必须将一些重要但自己不擅长的工作交给其他人，在这个过程中，最高管理者应该充分赋能、赋权，给对方提供足够的空间和平台，不能随意控制和干扰，但需要注意的是，无论如何分权，自己都要做到对下属的控制，对全局的掌控。就像一个企业在开辟国外市场时，董事长可以将某一地区的市场开发和管理工作交给某个经理全权负责，对方可以按照自己的计划去经营，包括如何招人、如何用人、如何使用资金、如何制订策略等，但公司必须做到对经理以及细分市场的有力控制，以免经理脱离掌控。

总的来说，作为团队的管理者和实际控制者，首先要做的一定是掌控最大的领导权，因为领导本身就包含了控制、命令、引领的含义，想要让最高管理者带领团队发展，必须保障他能够顺利控制整个团队以及团队中的每个人。如果他想对其他下层管理人员进行授权和分权，也要确保对方可以获得更充分的权限，能够顺利调动相应的人力、物力和财力，进行更加合理的资源配置，并严格按照计划行事。

第二篇

逐 恶

夫军国之弊^①有五害焉：一曰结党相连，毁^②谮^③贤良；二曰侈其衣服，异^④其冠带；三曰虚夸妖术，诡^⑤言神道；四曰考察^⑥是非，私以动众；五曰伺候^⑦得失，阴结^⑧敌人。此所谓奸伪悖德之人，可远而不可亲也。

注释

① 弊：弊端、害处。

② 毁：诋毁。

③ 谮：中伤。

④ 异：怪异。

⑤ 诡：欺诈、欺骗。

⑥ 察：挖掘。

⑦ 伺候：窥伺。

⑧ 阴结：暗中勾结。

译文

对军队和国家造成祸害的人往往分为五类：第一类是相互勾结、诋毁和诬陷贤良的人；第二类是打扮奢华、毁风败俗、穿着奇装异服、哗众取宠的人；第三类是装神弄鬼、散播迷信的人；第四类是搬弄是非、造谣中伤、为了私利而兴师动众的人；第五类是暗中计算个人得失、毫无节操、勾结敌人的人。

这五类都是奸邪虚伪、毫无道德的小人，一定要尽可能远离他们，绝对不能与之亲近。

解 读

想要打造一个优秀的团队，最重要的要素是什么？有人认为是充足的资金，有人认为是出色的技术，有人觉得是丰富的资源，有人则强调是强大的企业文化。不同的团队，不同的人，对于优秀的理解不一样，但是从团队发展来说，优秀的团队一定离不开优秀的员工，因为人不仅是团队的核心要素，还是决定团队发展的核心要素，只有拥有出色的人，才能够打造出优秀的团队。

反过来说，当团队中存在一些能力不足甚至糟糕的员工时，团队的整体发展也会受到严重的影响，如果员工的能力和素质普遍不高，那么团队的整体实力和竞争力将非常有限，糟糕的员工不仅会阻碍团队的发展和扩张，还会将团队推向破产的境地。正因为如此，在进行团队建设和团队管理时，管理者必须加强对员工的管理，选择一些优秀的员工进入团队，将那些影响企业发展的糟糕员工排除在外。

不同的团队对于员工的选择标准都不一样，每一个企业都有自己的利益诉求和考核标准，不过关于糟糕员工的定义，可能大多数团队的选择都具有很高的相似性。如《逐恶》篇中谈到的五类人，这五类人往往会对团队内外部产生很大的破坏，甚至是军队和国家的重大祸患。

比如，结党营私、诬陷贤良的人，通常会破坏团队内部的团结，还会扰乱企业的管理秩序，这些人容易形成各种腐败势力和分裂势力，他们各自为政，为铲除异己不择手段，扼杀推动企业进步的有生力量。当内部的小山头主义越来越强盛时，就会危害管理者的权威，企业的政策和制度就难以顺利落实了。

至于装扮奇怪且生活奢侈的人，表面上看只是败坏风俗，可是认真分析的话，就会发现这些人可能会将企业内部的工作氛围搞得乌烟瘴气，还会对企业文化产生不良影响。试想一下，如果所有的员工只看重外表的装扮，只想着如何在公司里哗众取宠，那么整个企业的工作效率就会不断下降，竞争力就会慢慢消失。

喜欢奇谈怪论且散播迷信的人表面看起来没什么杀伤力，但是很容易动摇和蛊惑人心，破坏内部的稳定，长此以往，企业管理会不断丧失约束力。

还有那些喜欢搬弄是非，为了私利而不惜兴师动众的人，很容易破坏团队内部的协作精神。至于为了个人利益而勾结敌人的人，更是会为了私利而出卖企业的利益，将企业推向危险的境地。

严格来说，这个世界上不可能出现完美的员工，员工身上或多或少都会出现一些缺点和问题，对于企业管理者来说，在识人用人时，需要保持一定的包容性和弹性，但以上这五类员工，都是企业需要重点防范的。对于《逐恶》篇中谈到的这五类人，只要认真进行分析，就会发现，这些人以及他们身上潜藏的危害性，基本涉及三个方面：第一，损害企业的利益尤其是关键利益；第二，影响企业的长远发展；第三，威胁企业的安全。

以上三点都是企业经营管理中最看重的问题，企业自然需要认真对待，从各个方面做好预防工作。

比如，企业要重视培训工作，培训工作不仅要包括员工工作能力的培训，还应该包括员工道德修养的培训以及企业文化的培训，从而有效提升员工的思想水平、职业素养和对企业的归属感。

如果说培训工作重在预防，那么企业还应该强化对员工危害行为的管控。例如，制订严格的制度，规范员工的行为；建立高效的监督机制，一旦发现员工有破坏性的行为，及时加以制止，并想办法给予严惩，达到震慑的目的。

此外，在人才招聘时，企业需要严格把关，重点考察员工的道德修养；在聘用期间，也要将道德考核纳入绩效考核之中，如果道德考核不过关，就要给予辞退。

而对于企业管理者来说，平时也要注重自我反省和自我提升，当遇到那些喜欢搬弄是非、破坏团队协作、自私自利的人时，一定要及时远离他们；对于企业内部那些封闭的小团体，也要尽量远离，以免受到影响，最终引火烧身。

总的来说，为了保证团队的工作效率和效益，为了保证内部的团结与协作，也为了确保团队的长远发展，团队管理者在组建团队、招聘员工和管理员工等多个环节中，都要做好充分的准备，对员工进行全方位的考核，并严格按照规章制度办事，确保自己的队伍中不会出现破坏性的力量。

第三篇

知 人 性

　　夫知人之性，莫难察^①焉。美恶^②既殊^③，情貌^④不一。有温良而为诈者，有外恭而内欺者，有外勇而内怯者，有尽力而不忠者。然知人之道有七焉：一曰间^⑤之以是非而观其志^⑥，二曰穷^⑦之以辞辩而观其变^⑧，三曰咨^⑨之以计谋而观其识^⑩，四曰告之以祸难而观其勇，五曰醉之以酒而观其性^⑪，六曰临^⑫之以利而观其廉，七曰期^⑬之以事而观其信。

注释

① 察：考察、了解。
② 美恶：好坏、是非。
③ 殊：不同。
④ 情貌：内心与外表。
⑤ 间：混淆。
⑥ 志：志向。
⑦ 穷：用尽。
⑧ 变：应对能力。
⑨ 咨：咨询、征求。
⑩ 识：学识。
⑪ 性：本性。
⑫ 临：赠予、提供。
⑬ 期：约定。

这个世界上，没有比考察和了解一个人的本性更难的事情了，因为每个人的美丑、好坏都不一样，而内心所想与外在的表现又常常不一样。有的人外表看上去温和善良，内在却是一个奸诈小人；有的人外表谦恭顺从，内在却是一个欺上瞒下、心口不一的人；有的人外表果敢勇猛，内在却是一个胆小懦弱的人；有的人外表看上去尽忠职守，内心却毫无忠诚和诚信的操守。即便如此，想要识别一个人是不是人才，还有七种实用的方法：第一，通过混淆是非来考察一个人的人生志向；第二，提出一些尖锐和刁钻的问题进行诘难，考察对方随机应变的能力；第三，通过各种问题来了解对方对相关问题的看法和对策，看对方是否具备深远的谋略，以及非凡的见识；第四，告诉对方大难临头，借此来观察对方的胆识，看他是选择迎难而上，奋力一搏，还是丧失斗志，坐以待毙；第五，把一个人灌醉，观察他的本性，会不会酒后失德，本性是否纯真；第六，用利益引诱对方，看他是否可以在诱惑面前保持清廉；第七，双方约定合作事宜，看他会不会信守承诺，是不是一个值得信赖的人。

《知人性》篇，实际上讲述的是识别和选拔人才的一些方法。人才选拔是团队发展最重要的一项工作，关乎团队的竞争力和长远发展，因为人才永远是企业发展最重要的要素，作为创造价值的主体，作为创造力的源泉与财富增值的核心要素，人才在企业中往往起着决定性的作用。毫不夸张地说，人才的水平决定了团队未来发展的高度。

为了招揽更多的人才，打造更强大的团队，团队管理者往往会制订人才选拔的标准，寻找适合自身发展且能为团队创造价值的人才。那么团队管理者应该如何挖掘和选拔人才呢？什么样的人属于人才，什么样的人才值得信任，并值得委以重任呢？

某互联网公司的总经理曾经专门给股东写了一封信，他在信中谈到了公司内部的人才招聘问题，并且强调了人才的重要性："要想在变化快速的互联网行业获得成功，没有优秀的人才是不可能的，因此，保证对应聘者的高要求，是公司今后成功的最重要因素。"那么，公司的管理者应该怎样招聘人才？公司招聘人才的依据又是什么？

在信中，总经理认为管理者应该先问自己三个问题，这也是招聘的三个基本原则：

——你是否欣赏这个人？

——这个人能否提高整个团队的工作效率？

——这个人是否能够成为某方面的超级"明星"？

很多人往往忽略第一个问题，将注意力放在后两个问题上，认为公司想要招到优秀人才，就需要想办法考核对方的能力，以及对方在团队中的价值。这里谈到的"欣赏"，其实包含了多方面的内容，如能力、性格、思维模式、道德修养、精神层次等。这是一个泛化的概念，不同的管理者对此拥有不同的需求，也有不同的理解。

在《心书》中，诸葛亮为识别人才工作提供了一些基本的思路，在他看来，想要识别一个人是不是人才，就应该重点把握以下七种品质。

一是看这个人是否能够明辨是非。明辨是非是个人道德、立场、价值观的体现，一个人的价值观往往决定了他的世界观和发展观，只有明辨是非的人才能够在工作中朝着正确的方向前进。许多人认为人才最重要的是具备工作能力，但价值观考核应该作为人才选拔的前提，一个是非不分的人，他的价值观将很难支撑起更远大的梦想，也很难推动团队始终在正确的方向上前进。

二是看这个人的表达能力与应变能力是否突出。这决定了他在工作中处理疑难杂症的应变能力，当出现突发事件时，应变能力出众的人往往能够保持理性，进行冷静的分析，找到快速应对以及解决问题的方法。应变能力是一种非常重要的特质，但经常会被人们所忽略。

三是谋略和见识。这决定了个人的工作能力和战略眼光，也是个人知识水平的直接体现。那些有谋略且见识非凡的人，往往可以对工作做出有效的预测，并制订更加合理的策略，从而帮助管理者提前做好准备。

四是勇气问题。拥有谋略和见识的人不一定能担当重任，这个人还必须拥有百折不挠、迎难而上的勇气，他在面对困难和挫折时，不会轻易认输和放弃，而是积极寻找更为高效合理的方法。

五是个人的心性问题。有勇有谋固然重要，但个人的本性才是决定这个人底色的最重要因素。这个人是否有修养，是否品行端正，是否在任何情况下都可以约束自己的行为，始终如一，保持良好的生活和工作作风，这些往往会关系到他的工作是否能做好。

六是廉洁问题。在团队管理中，如果员工受到外界利益的诱惑，就可能会为了满足私利而损坏团队的集体利益，这种人是无法担当重任的。

七是诚信问题。诚信问题直接关乎个人的执行力，关乎个人的团队向心力和忠诚度。一个讲诚信的员工，会按时按质完成上级交代的任务，会坚决维护管理者的权威，全心全意辅佐管理者完成工作，还会坚定地朝着企业的发展目标而努力。

诸葛亮认为一个大贤之人，应该具备以上七种品质。这七种品质比工作能力更加重要，因为工作能力是可以通过学习得到提高的，但一个人的价值观、应变能力、战略眼光、勇气、毅力、道德修养、自制力、诚信往往需要长时间的沉淀，是充实个人内在的关键要素，它们决定了一个人未来发展的高度和所能达到的层次。

需要注意的是，无论是企业还是个人，在选拔人才的时候都应该按照自己的实际需求拟定标准，因此选拔的标准一般都不相同。但是不同的人才往往具有一些共性，例如，好的人才应该是内外兼修的，工作能力过硬，可以胜任相关的工作，同时，个人的内在足够充实，有思想，精神力量强大。因此，团队管理者或者企业管理者在识别和选拔人才时，可以把握这些共性。

第四篇

将 才

夫将才有九。道①之以德，齐②之以礼，而知其饥寒，察其劳苦，此之谓仁将。事无苟免③，不为利挠④，有死之荣，无生之辱，此之谓义将。贵而不骄，胜而不恃，贤而能下，刚而能忍，此之谓礼将。奇变莫测，动应多端，转祸为福，临危制胜，此之谓智将。进而厚赏，退有严刑，赏不逾时，刑不择贵，此之谓信将。足轻戎马，气盖千夫，善固疆场，长于剑戟，此之谓步将。登高履险，驰射如飞，进则先行，退则后殿，此之谓骑将。气凌三军，志轻强虏，怯于小战，勇于大敌，此之谓猛将。见贤若不及⑤，从谏如顺流，宽而能刚，勇而多计，此之谓大将。

注释

① 道：教育。
② 齐：规范。
③ 苟免：苟且偷安。
④ 挠：屈服。
⑤ 不及：比不上。

译文

按照才能划分，可以把将领分为九种类型：第一种是用自己的德行教育部下，用礼法规范部下的言行，平时对部下嘘寒问暖，体贴他们的辛苦，这种将领属于仁将。第二种是宁愿为了荣誉光荣牺牲，也不会为利益丧失节操，苟且偷生，这样的将领是义将。第三种是富贵但不骄奢跋扈，功绩卓著却不居功自傲，德行出众而能谦让于人，个性刚直又能忍辱负重，这样的将领属于礼将。第四种是战略、战术高深莫测，排兵布阵机动灵活，身处逆境中能化险为夷，身处险境中能转败为胜，这样的将领是智将。第五种是对奋勇杀敌的人给予重赏，对逃避后退的人给予重罚，奖赏时不拖延，惩罚时一视同仁，这样的将领是信将。第六种是身手矫捷，冲锋陷阵时快如战马，气概豪迈压倒千军，坚守阵地时固若金汤，擅长刀枪剑戟各种武器，这样的将领是步将。第七种是登高行军如履平地，骑马射箭形如疾风，进攻时一马当先，撤退时可断后护卫，这样的将领是骑将。第八种是勇冠三军，势压强敌，小战谨慎，大战勇猛，这样的将领是猛将。第九种是遇见能力、德行比自己出众的人就虚心请教，听到别人提出不同的意见也能虚心接受，待人宽厚又不失正直，勇敢果断又富于计谋，这样的将领是大将。

<hr>

解 读

　　一个管理者应该具备什么特质呢？不同的人往往会有不同的想法，有的人认为管理者要有魄力，能够用威严管控所有的人；有的人认为好的管理者需要讲究仁义，要用自己的言行来感化和引导员工，激发员工的归属感和凝聚力；有的人认为管理者必须公平公正，赏罚分明，一视同仁，这样才有说服力；也有些人认为管理者必须有良好的品行，低调谦卑，正直宽容，被员工认同；还有一些人认为管理者必须有大才，要具备出色的管理才能，既能制订战略方针，又具备良好的战术素养，无论是内部管理还是外部扩张，都可以做得很出色。

　　诸葛亮在《心书》中将将领分为九种类型，分别是仁将、义将、礼将、智将、信将、步将、骑将、猛将、大将。严格来说，基本上包含了"仁、义、礼、智、信、勇、严"等特点，这也是古代选将的基本标准，像《孙子兵法》中就说过："将者，智、信、仁、勇、严也。"诸葛亮对将的划分基本上沿用了这一标准，而且还细化了一些标准，形成了自己的划分体系。而无论如何划分，实际上都体现出人们对优秀管理者的期待，仅在某一项标准上突出的管理者，虽然一样可以带领团队获得成功，但人们更加希望管理者应该是全方位发展，尽可能兼顾多种品格与能力，这样才可能在管理团队的时候，充分发挥自己的能力和魅力。

比如，很多企业中都存在"李广式"的管理者，这类人对员工很照顾，经常关怀员工的工作和生活，并且帮助员工解决实际的困难，他们具有仁将的风范；他们从不居功自傲，会将功劳推给全体员工，会主动与员工分享公司发展的红利，具有礼将的风度；他们还信守承诺，赏罚分明，对所有员工一视同仁，属于真正的信将。但是在带领团队开辟市场方面做得不够好，他们始终没有办法把队伍带大，始终没有办法让企业成长为一流的企业。因为他们的管理才能不足，战略定位不清晰，战术指挥不当，面对市场的变化又缺乏应变能力，在一些关键机会的把握上明显欠缺能力，他们只适合管理一些小项目、小部门，不具备统筹全局的能力和魄力。因此，当企业拥有"李广式"的管理者时，往往难以真正发展壮大。

又比如，很多企业的管理者的战略规划能力和战术执行能力虽然都很出色，但他们往往居功自傲，目中无人，认为自己才是整个企业中最出色的人，认为自己就可以决定企业的发展，因此会显示出独裁的特质，他们不希望有人提出反对意见，不容许有人对自己的权威提出任何挑战。不仅如此，他们在管理企业的时候非常严格，制订了严格的管理制度，员工没有太多的话语权和自主权，只负责执行指令。由于工作要求很高，管理又非常严格，员工的工作压力很大，始终缺乏归属感。这类公司或许可以依靠相对完整的制度以及出色的管理者暂时获得高速发展，但是随着市场竞争的日益激烈，公司可能会逐渐落伍，因为员工的归属感不强烈，原有的管理效能会逐步丧失。

所以，一个好的管理者应该同时具备硬实力和软实力，他们未必要做到完美，但在能力展示、道德展示、管理方法上必须足够出色，只有德才兼备的管理者，才能够承担起管理的重任，并带领团队拧成一股合力，努力实现既定的战略目标。

第五篇

将 器

将之器^①，其用大小不同。若乃察其奸，伺^②其祸，为众所服，此十夫之将。夙兴夜寐^③，言词密察^④，此百夫之将。直而有虑，勇而能斗，此千夫之将。外貌桓桓^⑤，中情烈烈^⑥，知人勤劳，悉人饥寒，此万夫之将。进贤进能，日慎一日，诚信宽大，闲于理乱，此十万人之将。仁爱洽于下，信义服邻国，上知天文，中察人事，下识地理，四海之内，视如室家，此天下之将。

注释

① 器：才能、气度。
② 伺：观察。
③ 夙兴夜寐：早起晚睡。
④ 密察：缜密清晰。
⑤ 桓桓：高大威武的样子。
⑥ 烈烈：显著。

译文

将领的气度、才能不同，其本领、作用也会不同。能够察觉他人的奸诈，能够发现潜藏的祸害，并被部下所信服，这种将领可以带领十人的队伍。那些每天早起晚睡，整日为公事操劳，说话缜密清晰的将领，可以带领一百人的队伍。为人耿直又深谋远虑，勇猛过人又善于作战的将领，可以带领一千人的队伍。外表威武，真情流露，能体贴别人的辛苦，又能关怀他人的饥寒的将领，可以带领一万人的队伍。对外注重识别和选拔人才，对内不断约束自己，保持谨慎，为人宽厚诚信，善于处理那些复杂混乱局面的将领，可以带领十万人的队伍。以仁爱之心善待部下，以诚信重义的品德慑服邻国，通晓天文地理知识，了解人情世故，志向远大，以国为家的将领，可以领导整个天下。

解　读

管理学上有一个著名的原理——彼得原理，是指人们总是习惯提拔对等层级中的人，导致雇员总是趋向于被提拔到不相称的职位上。举一个简单的例子：一个绩效只能达到 10 分的人，会被提拔到绩效必须达到 15 分的职位上。事实上，他根本不适合也不能胜任提拔后的职务。

彼得原理的核心理念告诉人们，在职场上，一定要做符合自身能力的工作，自身的职位必须与能力相匹配，一个人的能力有多大，就应该在工作中承担多大的义务，以及担任相应级别的职务，而不要总想着往上爬。在日常的工作中，许多人缺乏明确的自我定位，做事缺乏自知之明，总是觉得自己可以胜任更高的职务，所以不断向上施压，希望自己可以获得晋升，或者直接选择跳槽，试图通过这种方式来满足自己晋升的要求。但实际上，他们并不具备相应的能力和魄力，一旦真的爬上更高的位置，就会在工作中暴露自己能力不足的问题。

从个人的角度来说，应该制订更合理的职场规划，按照自己的能力水准制订具体的发展目标，选择适合自己的层级。从管理者的角度来说，则要对自己管理的员工进行了解，按照各自的能力划分职位。

诸葛亮在人职匹配方面有着非常清晰的思路，对于不同级别的人才，有着不同的选拔和考核标准。

在他看来，那些能够发现团队中害群之马和潜在祸患的人，只能带领十人的小团队，因为这是一个管理人员的基本素养；那些日夜操劳、思维缜密的人，适合带领一百人的团队，因为这类人工作认真负责，而且表达能力不错，思维清晰，可以担负起更大的责任。

如果人们想要爬到更高层次，带领一千人的团队，那么就要具备更强的智谋、更勇猛的作战能力，这种能文能武的管理者无疑可以支配和管理好更大的团队。

不过，仅仅拥有谋略和专业的工作能力，还不足以让他们带领万人级别的团队，万人级别的团队往往需要更强的凝聚力，需要更出色的领导力，管理团队的人要拥有绝对的威严，同时也能收揽人心，对部下的衣食住行给予更多的关心，而不是总想着命令他们努力工作。

如果是十万人级别的超大型团队，管理者需要更好地处理上下级的关系，他们需要以身作则，树立良好的榜样，在部下面前展示自己的宽容和诚信，以赢得更多的爱戴。不仅如此，管理者还需要将自己从烦琐的工作中解放出来，大胆任用那些有能力的人，让他们替自己分担压力，并充分发挥他们的能力优势。此外，这一级别的管理者将会面临非常复杂的内外部环境，因此，他们必须具备能够处理复杂混乱局面的能力。

管理十万人级别的超大型团队是一个很大的挑战，只有极少数人可以担任这样重要的职务，如果他们还想要更上一层楼，成为行业的领头羊，成为市场的管理者，或者成为整个国家的管理者，那么对内需要展示自己的仁爱之心，对外需要以诚信和道义取信于人，而且还要懂得把握大环境，懂得把握人情世故，用远大的志向来支撑这个职务。

这里谈到的不同层次团队的管理者，虽然不一定与职场相对应，但是暗含的逻辑和道理是相通的，对于管理者来说，他们想要弄清楚自己的器量，想要弄清楚自己的层次，就要明确自己能做什么，擅长什么，同时也要看到自己在哪些方面做得不够到位。一般来说，层级越高的人，管理能力就越出色，对团队的掌控能力就越强，他们有能力管控和领导更大规模的团队。

需要注意的是，一个人的层级并不完全取决于其自身的工作能力，有的管理者虽然专业技能突出，工作也非常努力、认真，但未必具有管理的才能，管理者需要具备的能力很多，包括自身的专业技能、谋略、工作态度和个性的展示，也包括对员工的控制力和引导力，比如凸显制度的约束力，深化权力的控制力，强化对员工的关怀，注重对人才的识别和提拔，以及具备应对外部竞争的能力。总的来说，管理的层次不仅和能力的层次相关，也和个人的思维层次息息相关，个人的思维层次越高，对管理的理解越全面，那么管理的能力和权限自然也就越大。

将 弊

夫为将之道，有八弊^①焉，一曰贪而无厌，二曰妒贤嫉能，三曰信谗好佞，四曰料^②彼不自料，五曰犹豫不自决，六曰荒淫于酒色，七曰奸诈而自怯，八曰狡言^③而不以礼。

注释

① 弊：弊端、弊病。
② 料：分析、了解。
③ 狡言：诡辩。

译文

一个合格的将领，必须规避和克服常见的八种弊病。一是贪财重利，不知满足；二是嫉妒那些贤德有才能的人；三是听信那些挑拨离间的话，亲近那些能说会道、巧言谄媚的小人；四是对他人的情况非常了解，却无法正确认识自己；五是遇事优柔寡断，难以及时做出决策；六是沉迷于酒色而无法自拔；七是为人阴险狡诈，却又胆怯懦弱；八是狡猾巧辩，强词夺理，不按规矩行事。

解　读

谚语说："一头狮子带领的一群羊，可以打败一只羊带领的一群狮子。"为什么狮子带领的羊群可以打败羊带领的狮群呢？从力量对比来看，一群狮子肯定要比一群羊更具竞争优势，但对于团队而言，力量的对比并不是单纯地看谁拥有更多的优秀人才，人才再多，再优秀，如果没有一个优秀的管理者，那么整个团队的战斗力和竞争力都会受到影响。

从团队管理的角度来说，管理者才是整个团队的核心，管理者的层级决定了团队发展的层次和高度，一个优秀的管理者，可以制订完美的战略规划、合理的制度，可以打造出色的企业文化，可以将所有人拧成一股合力，能够合理地调动团队内的相关资源，确保资源得到最合理的搭配，从而实现"人尽其才，物尽其用"的管理效果。而一个平庸甚至不合格的管理者，可能会严重阻碍团队的发展，他可能缺乏长远的目光，不能选贤任能，也无法带领团队走出困境。

优秀的管理者并没有固定的标准，人们对于优秀管理者的要求也不一样，但关于不合格的管理者，大家往往拥有更多相似的评判标准，比如能力有限，无法胜任当前的职务，在个性上存在缺陷，在生活和工作中经常会做出一些破坏团队合作、影响团队发展的事。

诸葛亮在《心书》中谈到了合格将领应该避免的一些弊病，反过来说，他认为那些不合格的将领，往往具有以下几个特征。

一是贪财。贪财的管理者往往看重私利，很容易为了满足自己的私利而罔顾团队的整体利益，影响团队的发展。

二是嫉妒贤能。这样的管理者自私狭隘，易产生嫉妒之心，会想办法打压和排挤优秀人才，最终导致团队人才流失，竞争力下滑。

三是亲近奸佞小人。这一类管理者没有辨别人才的能力，凡事只喜欢听好话，往往会导致团队内部出现混乱。

四是没有自我认知的能力。这种人并不清楚自己能做什么，适合做什么，也不清楚自己不适合做什么，不能做什么，他们经常做出错误的决策，甚至经常冒险做一些自己做不到的事情。不仅如此，他们还喜欢给别人挑刺、找缺点，但从来不反省自身存在的问题。

五是优柔寡断。这样的人缺乏做大事的魄力，不善于把握机会，无法真正带领团队获得突破。

六是沉迷酒色。沉迷酒色的人缺乏自制力，也无法认识到自己身上的责任，很容易受到欲望的蛊惑而做出伤害团队发展的事情。

七是狡诈且懦弱。这种管理者待人不诚实，做事不牢靠，遇到事情就退缩，无法承担重任。

八是强词夺理、不守规矩。喜欢强词夺理、违反规则的人，并没有企业文化的概念，他们习惯了依据自己的权力行使特权，随意破坏制度，破坏内部的公平，他们很难赢得其他人的认同和尊重。

想要成为一名合格的管理者，要注意和改进的弊端肯定不止以上这几点，比如，有的管理者缺乏战略眼光，做事只看重眼前的利益，没有一个长远的规划和安排，所以很难真正带领团队走得更远。又比如，有的管理者任人唯亲，赏罚不明，直接导致内部出现严重的分裂，整个团队的合作机制遭到破坏。

总的来说，管理者的弊端问题，没有绝对的标准，但在上文诸葛亮所谈到的弊端，大部分都和个人的修养、生活作风有关。贪婪、嫉妒、溜须拍马、没有自知之明、优柔寡断、沉迷酒色、做人不诚实、害怕承担责任、践踏规则等，这些都是个人管理素养的基本体现。按照诸葛亮的说法，一个管理者能力稍有不足没关系，但个人的修养和品行必须过关，一定要确保自己的行为不会违背管理者的基本原则。比如，一个团队中往往拥有不同层级的管理者，不同能力层次的人会有不同的安排。管理能力弱一些的人，可以待在基层管理岗位上；管理能力强一些的人，可以担任中层干部；管理能力特别出色的人，可以进入高层担任要职。但管理者的修养是不可或缺的，一个品德不过关、生活作风有很大问题的人，是无法匹配管理岗位的，对团队的危害性比较大。

正因为如此，无论是企业还是其他事业单位，在挑选管理人员时，不要总是将评选与审核的标准放在个人能力上，更要注重对管理者修养的评判，生活作风不好、品德不高、管理素养低下的人，一定要及时排除掉。

第七篇

将 志

兵者凶器，将者危任^①，是以器刚则缺^②，任重则危。故善将者，不恃强，不怙^③势，宠之而不喜，辱之而不惧，见利不贪，见美不淫，以身殉国，一意^④而已。

注释

① 任：职务。
② 缺：损坏。
③ 怙：依靠。
④ 一意：全心全意。

译文

战争是危险的武器，将领则是危险的职务。武器太硬的话，容易出现缺损，职务越重要，风险也就越高。正因为如此，真正善于带兵打仗的将领从不靠强权，不倚仗强大的势力和靠山；当他们受到宠幸时，不会得意忘形，沾沾自喜；当他们受到别人的侮辱时，也不惧怕退缩；他们在利益面前不会心生贪念，见到美丽的女人时也不会心生邪念；他们不惜牺牲自己，忠心耿耿、全心全意地为国家服务。

功成名就、封侯拜相是很多人的梦想，对于大多数人来说，只要能平步青云就意味着从此衣食无忧，过上好日子。可是诸葛亮却说："兵者凶器，将者危任。"他将人人羡慕的高位当成风险，并且告诫人们：越是身处高位，越要保持谨慎。

三国时期魏国文学家李康在《运命论》中说："木秀于林，风必摧之；堆出于岸，流必湍之；行高于人，众必非之。"一棵树如果比其他树木都要更高一些，那么就容易被大风吹折；一堆泥土如果比河岸高出不少，那么就免不了要被河水冲刷掉；一个人如果表现得比其他人都要好得多，那么就很容易遭到别人的打压和排挤。当一个人功成名就、高高在上的时候，往往也会面临最大的危险。

在职场上往往也是如此，那些表现出众、业绩优秀的员工，那些获得晋升的员工，很容易成为其他人攻击的焦点。那么为什么表现优异、身处高位的人，往往更容易受到他人的打压和排挤呢？

或许是因为群体中常常出现"不患寡而患不均"的思想，当群体中有人一枝独秀时，原有的平衡就会被打破，这个时候大家就会趋向于制造新的平衡，因此会不断向那个优秀的人施加外力，试图削弱他的优势；也有可能是攀比和嫉妒心理作祟，当有人表现出众时，其他人自然会心生嫉妒，希望那个更优秀的人沦为普通人。

还有一个原因，身处高位的人往往掌握着更优质的资源和权力，大家都渴望像他一样，这个时候竞争也就在无形中产生了，而为了获取这些优质资源，大家自然会想尽办法制造麻烦，争取将高位上的人拉下来，然后取而代之。

无论是什么原因，最重要的是做好自己，只有做好自己，约束好自己的行为，才能更好地抵御外来的攻击。诸葛亮对为将者提出了要求：不依靠强权，不倚仗强大的势力和靠山为自己谋取利益，更不仗势欺人；受到宠幸时要保持淡定的心态，不要得意忘形，以免做出什么错事；遇到外界的打压和欺辱时，要做到不卑不亢，不逃避，不害怕；看到利益时不要心生贪念，被利益所诱惑；见到美色时也要保持内心的安定，心性不要动摇。无论在何种环境下，都要全心全意地为国家服务，随时做好为国家牺牲的准备。

将诸葛亮的观点转移到职场中来，同样适用，那些优秀员工、身处高位的管理人员也会面临如将领一样的风险，他们必须认清自己的定位，并做好必要的自我保护措施，确保自己的言行举止不会给自己带来麻烦。

首先，员工一定要注意绝对不能被权力反噬，更不能在同事和下属面前恃强凌弱。平时应该尽量保持低调，处理好人际关系，与员工之间尽量不要出现摩擦。在很多时候，权力就像是一剂毒药，当一个人拥有更大的权力和更高的地位后，他可能会滥用权力，向身边的人施加压力，而这无疑破坏了职场环境，也给自己招惹更大的麻烦。

比如，某公司的员工自从升任部门主管后，就开始一改之前顺从、温和、老实的形象，面对曾经并肩奋斗的同事，他并没有表现出亲和力，在工作中丝毫不讲情面，还动不动以权力来压迫员工加班，或者以绩效考核的打分进行威胁。大家对他都感到不满，在管理者年度考核时，纷纷给他差评，直接导致他被公司降级处理。

其次，员工想要保证自己可以在岗位上更长久地待下去，那么一定要培养更强大的心性，确保自己可以在人生的波折中保持淡定。因为职场上并没有常胜将军，暂时的成功并不意味着一辈子都飞黄腾达，人生总会起起伏伏，登上高峰的人也有可能会落入低谷，真正重要的是确保自己在遭遇顺境和身处逆境时，能够做到宠辱不惊。只有心境平和，淡定面对人生的人才能够真正在职场上站稳脚跟，越来越好。

比如，有的员工突然得到晋升，开始得意忘形，目中无人，不再勤勤恳恳做事，踏踏实实做人，这样的人迟早会因为犯错而跌落到谷底。而当他们落入人生低谷，遭遇各种不公平的对待时，又很快陷入恐惧和绝望之中，这样的人很难再次获得成功，也很难赢得他人的尊重。

因此，那些获得成功的员工想要保住自己胜利的果实，一定要有足够强大的意志力，他们往往会面临更加丰富的物质生活和各种利益的诱惑，这些外在的诱惑很容易摧毁人的警惕心，消磨人的斗志，降低人的意志力。一旦员工心性不定，不仅会丧失对工作的兴趣，还会丢失自己为人处世的原则，抛弃自己的理想，甚至在工作中做出违背道德和法律的事情。

只有那些自律且懂得控制欲望的人，才能够抵御欲望背后的各种危机和风险，才能够在工作中坚守初心，为实现自己的人生理想积极奋斗，为实现企业的发展目标积极奋斗。

除此之外，最重要的一点还是工作态度，因为员工的价值最终还是要通过工作体现出来，只有保证良好的工作态度，只有更好地为企业服务，企业才会认同和保障员工的利益，才能给予更多的回馈。

总的来说，工作才是根本，员工能够专心工作，将自己的注意力放在维护企业发展的大事上，自然就可以屏蔽更多外来的诱惑和干扰。

将 善

第八篇

将有五善^①四欲^②。五善者，所谓善知敌之形势，善知进退之道，善知国之虚实，善知天时人事，善知山川险阻。四欲者，所谓战欲奇，谋欲密，众欲静，心欲一。

注释

① 善：擅长。
② 欲：需要。

译文

将领带兵打仗，往往要做到五个擅长、四个需要。五个擅长是指：擅长窥探敌人的兵力部署，擅长把握判断进攻和撤退的时机，擅长分析交战双方的国力虚实，擅长利用天时、处理人事，擅长利用山川地形的崎岖险阻。四个需要是指：作战时需要讲究出奇制胜，出谋划策时需要讲究周详缜密，众人需要保持冷静，作战时的意志需要保持专注和统一。

　　将军最重要的能力是带兵打仗，这也是他们最基本的任务，而带兵打仗最重要的是什么呢？有人说是冲锋陷阵时的勇猛，有人说是队伍的巧妙整合与资源的合理安排，有人说是上下一心共同退敌。关于这一点，《孙子兵法》中说道："夫未战而庙算胜者，得算多也；未战而庙算不胜者，得算少也。多算胜，少算不胜，而况于无算乎！吾以此观之，胜负见矣。"大致的意思是：那些开战前就预计能够取胜的，往往是因为制订了周密的计划，而那些开战前预计无法取胜的，往往是因为筹谋不周详，或者根本没有进行任何谋划。这段话的核心理念就是筹谋，一个将军想要打胜仗，就需要使用各种谋略，提前做好规划。

　　诸葛亮的《将善》篇讲述的也是同样的道理，主要强调将领的作战素质与谋略，具体来说就是"五善四欲"，这是提前制订谋略的条件，"五善四欲"本身就是商场作战、职场生存的基本条件，人们想要在复杂的商场竞争和职场竞争环境下获得更多的优势，就要提前制订好计划和谋略。

　　第一，任何一种竞争，从某种程度上来说都是信息的战争，更多地了解对手的信息，包括对手的整体实力、资源配置、市场动向以及发展计划，掌握的信息越多，就越能够为自己的下一步行动提供合理的指导。正因为如此，在正式采取行动之前，应该发动信息战，想办法掌握对手更多的信息，然后分析信息，制订合理的作战方针。

　　第二，把握攻守的时机，做到进攻时攻其不备，势如破竹；退守时井然有序，稳扎稳打。对于竞争者来说，能获得成功，不仅取决于硬实力的比拼，还要讲究时机的把握，因为机会稍纵即逝，一旦没有把握住，可能增加竞争的成本和风险。一个善于把握时机的人，能够在最佳的时间做出最合理的选择，提升团队的作战效率。

　　第三，对于作战的人来说，成功的先决条件就是知己知彼，竞争者需要对自己的实力有一个清醒的认知，要知道自己的优势是什么，缺陷是什么，资源的分配是怎样的。同时，也要对对手的实力进行了解，了解对方最大的优势是什么，最薄弱的环节在什么地方，相关的资源配置和部署是怎样的。只有知己知彼，了解自己和对方实力的虚实，才能够在竞争时针对性地做出部署，利用自己的长处攻击对方的短板。

第四，无论是战场、商场还是职场，想要维持竞争优势，需要做到天时、地利、人和三管齐下。所谓天时，就是了解和把握大环境、大趋势，顺应趋势去做事；地利，主要是指具体的竞争场景，一般是指地域环境；人和，主要强调社会人脉资源的整合，以及人际关系的处理。比如，有的人打算进军人工智能产业，天时是指人工智能是世界经济发展的下一个推动器，各国都很重视；地利是指本地拥有相对完善的创业环境，人工智能的产业链比较完善；人和是指自己拥有丰富的社会资源，很多投资者都中意这个项目，创业后可以更轻松地获得融资。

第五，在竞争时，绝对不能硬碰硬，要善于使用各种计谋，而制订的计谋必须出奇制胜，而且要注意保密，这样才能产生出其不意，攻其不备的效果，给对手以沉重的打击。其实，信息战的核心是制造信息差，简单来说，就是己方了解对手的相关情况，但是对手不了解己方的战略和战术部署情况，从而形成信息差，有助于提升自己的成功率。

第六，要对团队成员进行统一管理，人多的时候要保持冷静，想办法稳住局面，避免信息泄露，同时确保所有人可以保持作战意志、作战目标的统一，能够形成一股合力。对于管理者来说，计谋的设计、信息的搜集都可以想办法做好，但动员整个团队做好战斗准备，动员整个团队按照事前计划完美执行，需要管理者付出更多的努力，这也是管理工作中的难点。

总的来说，任何人想要在竞争激烈的环境中生存下来，需要坚持以谋略取胜，凸显自身谋略的价值，但是谋略的设计和实施需要相应的条件，信息不足、时机不到、环境不配合、内部不统一，都会影响谋略实施的效果。"五善四欲"强调的就是做好竞争前的谋划工作，针对现实情况制订合理的竞争策略，从而保证策略的有效性。对于人们来说，竞争本身涉及多方面的对抗，包括资源、信息、谋略、意志力等，但无论是哪一方面，想要提升取胜的概率，就要在各个方面提前做好准备。

第九篇

将　刚

善将者，其刚不可折，其柔不可卷，故以弱制强，以柔制刚。纯柔纯弱，其势必削；纯刚纯强，其势必亡；不柔不刚，合道之常①。

注释 | ① 合道之常：符合事物发展的正常规律。

译文

一个好的将领应该具备这样的性格：为人刚强时不固执己见，为人柔和时不软弱无力。这种将领往往可以以自己微小的力量战胜实力强劲的对手，可以用柔和有韧劲的谋略打败刚强勇猛的对手。一味地柔和软弱，就会导致自己的力量不断被削减；一味地刚烈示强，又会导致自己慢慢走向灭亡；只有不过分示弱，不过分示强，做到刚柔并济，才符合事物发展的正常规律。

解　读

在谈到优秀的管理者时，很多人都有不同的见解，比如，有的管理者强势、独裁、自信，遇事拥有强大的魄力，严格要求部下按照规定执行任务，凡事都很强势。而有的管理者善于使用柔和的策略进行管理，他们态度温和，不喜欢采用强制手段控制他人，而是使用柔和的、人性化的、包容的、富有弹性的策略，来激发他人奋斗的决心。

那么究竟是强势、刚强的领导风格更好，还是柔和、富有人性化的管理风格更好呢？

想要弄清楚这一点，需要先了解什么是领导力。领导力是指在管理者管控的范围内可以充分利用人力资源和客观条件，确保团队可以以最小的成本实现最大的效益。严格来说，领导力往往包括权力的影响力和非权力的影响力。

权力的影响力包括信息权、关照权、法定权、奖赏权、关联权、强制权，这些权力本质上都受到地位、身份的影响，是由内部的等级差距决定的。正因为如此，管理者拥有天然的能力属性和权利属性，他们有责任和义务释放自己的影响力。按照他们的理解，管理需要权力、地位和制度来支撑，无论是管理国家、管理军队，还是管理企业，都需要通过一些强制手段来构建一种威严的、规范的体系。在这套体系中，管理者会展示自己的威慑力，通过强硬的、不容置疑的方式引导下属工作。所以通常情况下，管理者都会加强对团队的控制，运用权力和制度约束下属，支配他们的行动，并且在工作中表现得很强势。

非权力的影响力主要包括心理上的暗示和引导，比如，给予恩惠、给予认同、投其所好等，管理者会采取一些激励性的、包容性的措施来吸引下属，确保团队内的所有人可以主动积极地工作。非权力的影响力，更偏向柔和，领导风格更加人性化，往往侧重于对他人进行情感管理。

这两种风格谁更胜一筹呢？诸葛亮认为，万事万物都有一个共同点——过分刚强就容易折断，过分柔和则偏于软弱，管理者需要展示自己的权威和强势，但一味示强，会让其他人感受到巨大的压力，最终引起下属的反感，导致下属对他失去信任。而管理者如果只懂得保持柔和的姿态，那么久而久之就会被认为是一种软弱无能的表现，他们会逐步丧失自己的威慑力，从而失去对团队的控制力。优秀的管理者在职场上最重要的是做到刚柔并济，他们既善于威慑又重视怀柔策略，有强大的能力却懂得倾听别人的意见，对外温和、有风度，但遇事从不退缩，该强硬的时候就会表现出强大的战斗意志。

刚柔并济的管理者往往具有更大的影响力，无论是对内对外，都能很好地控制行事的力度，确保在管控和支配下属的同时，可以更好地激发他们的自主创造力和奋斗的决心。事实上，在今天，企业管理变得越来越科学化、精细化，如何将制度管理和人性化管理结合起来变成了一个重要的课题，管理者越来越重视对员工进行情感管理，像过去那种完全意义上的权力威慑、制度约束并不多见。管理者在强化制度管理的同时，会想办法加入更多的人文关怀，刚柔并济的管理风格也让员工的归属感越来越强烈。

不过，刚柔并济的策略在不同的团队中有不同的运用方法，在团队的不同发展阶段也需要采取不同的实施模式。

以企业为例，如果企业内部的规章制度不太完善和规范，核心竞争力不明显，那么管理者在管理企业的时候，需要侧重于实施刚性管理，管理者需要更多地凸显自己的威严，需要通过严格的制度和强势的管理风格来掌控所有人，确保企业的运行效率和执行能力得到有效提升。先建立一整套严格完整的制度规范体系，然后逐步谋求柔性管理，适当给予员工更多的自主权和更大的空间。

相反地，如果企业发展得相对成熟，拥有相对规范和完善的规章制度，核心竞争力比较强，那么在管理时则需要更多地偏向柔性，给员工设置更弹性的工作安排，为他们营造更加人性化的工作环境，构建多元化的报酬体系，提高员工工作的积极性。当然，一些基本的制度规范和指令输出还是需要保持应有的权威，确保整个团队的行动都在管理者的掌控范围之内。

对于管理者来说，刚强或者柔和不过是管理风格和管理模式而已，它们的最终目的还是推动个人的成长以及团队目标的实现，只要能够提升团队的工作效率，提高团队的效益，实现团队发展的最终目标，那么无论何种风格和方法都可以应用，刚柔并济只是让团队的发展和目标的实现更加顺畅而已。

将骄吝

将不可骄，骄则失礼，失礼则人离，人离则众叛。将不可吝，吝则赏不行，赏不行则士不致命^①，士不致命则军无功，无功则国虚，国虚则寇^②实矣。孔子曰："如有周公之才之美，使骄且吝，其余不足观^③也已。"

注释

① 不致命：不拼命。
② 寇：敌人。
③ 不足观：不值得赞美。

译文

做将领的切勿骄傲自大，骄傲自大的人，待人接物时就会失去基本的礼仪和规矩，一个人不讲礼仪，部下就会离心离德，并导致众叛亲离。身为将领，绝对不能小气吝啬，太吝啬的话就会导致不能及时行赏，不能及时行赏，士兵打仗时便不拼命，士兵不能拼命杀敌的话，军队也就无法立下战功，军队没有战功，那么国家会日益走向衰落，国家一旦衰落，那么敌人就会趁机变得越来越强大。因此孔子说："一个人即便具备周公那样的德才，如果他骄傲且吝啬，那么同样不值得人们称赞。"

在传统的管理模式中，权力作为管理内核占据了很大的分量，而这种分量又会导致管理者陷入一种奇怪的思维，那就是他们通常都会觉得整个团队是自己的私有财产，认为自己掌控了团队的一切，包括所有的人、所有的技术、所有的资源以及所有的利益都是自己的，自己可以任意支配。这种思维容易让管理者变得骄傲自大，他们会觉得一切成就都是自己创造的，所有的人都必须听从自己的指令做事，因此，在为人处世的时候，往往会变得过于主观，目中无人。

这个时候，他们可能会对员工表现出不屑一顾的态度，因为他们认为自己才是决定团队发展的关键因素，员工只是按照自己的指令行事，所以他们轻视员工的价值，在日常的工作中也处处贬低员工。他们往往会变得独裁，不轻易听取任何人的意见和想法，对于那些和自己立场不同的想法，更是采取排斥和打压的姿态。这种不受尊重的状态很容易引起员工的愤怒和反感，导致彼此之间存在隔阂，这样一来，员工自然不愿意为他工作，整个团队很容易陷入分裂状态。

不仅如此，由于受到团队私有思维的影响，管理者将自身的利益（或者说团队的利益）与员工的利益对立起来。在他们看来，给员工更高的薪水、更多的奖金是没有任何必要的，因为自己付出的钱越多，就意味着自己的利益受损越多。这种狭隘的思维很容易让他们变得吝啬，不愿意和员工分享团队发展的红利。

吝啬是管理的大忌，员工行为的驱动力并不完全是因为受到管理者权威的影响，利益是他们愿意做出更大努力的关键，简单来说，他们工作的目的之一就是满足自己的利益诉求，让自己拥有更好的生活，因此，物质上的奖励会让他们变得更加积极努力。传统的管理理论（古典管理理论）认为人是一种"经济人"，意思是人的行为具有趋利倾向，每一个人都在追求利益的最大化，而工作者的工作动机就是为了获得更多的报酬。

诸葛亮在管理蜀国期间，几乎事无巨细都由他一人承担，但是他并没有骄傲自大，目空一切，更没有对将士吝啬，他不仅知道一个管理者应该拥有怎样的气度，并且意识到一个合格的将领在行军打仗，应该如何管理好自己的部队。在《将骄吝》篇中，他之所以谈到骄傲自满和吝啬这两个不利因素，最关键的一点是因为他认为军队应该是一个整体，将领应该尊重部下，应该尊重和保护部下的权益。比如，他认为将领表现得骄傲自大，会让士兵得不到尊重，造成离心离德的情况，而失去士兵支持的将领，是无法依靠自己的力量打胜仗的。同样地，当将领不愿意分享利益，不愿意对员工进行物质奖励时，员工工作的积极性就会下降，最直接的影响就是导致团队的效率低下，竞争力降低。

因此，在职场上，人们需要对管理者进行更深入的了解，不要认为管理者能力突出就可以解决所有的问题，团队本身是一个整体，管理者也只是团队中的一分子，他虽然扮演着管控和引导员工的角色，但并不意味着只需要依靠他一个人的力量就可以带领团队走向成功。团队的发展需要全体成员共同努力，大家各司其职，发挥不同的作用，管理者负责战略制订、制度设计和日常的管理工作，而员工作为执行者负责将战略规划落到实处。管理者虽然责任重大，是团队的核心，但并不意味着就可以忽视其他人的价值，骄傲自满只会引起其他人的不满，也容易因一意孤行而犯下大错。

管理者需要放低姿态，尊重其他人的贡献和价值，这种尊重不仅是口头上的赞美，更需要管理者通过实际的物质奖励给予员工更大的认同和激励。物质奖励包括加薪、奖金、职位升迁，通过这些奖励，员工会产生更大的自我价值认同，也会对管理者的管理方式产生更大的认同，他们在工作中自然会拿出更好的表现。

一个骄傲且吝啬的管理者，会把团队当作成就私人利益的工具，或者当作自己的私人物品，而这无疑会让团队的竞争力受到很大的影响。也正因为如此，孔子才说："一个人即便具备周公那样的德才，如果他骄傲且吝啬，那么同样不值得人们称赞。"

第十一篇 将 强

将有五强八恶^①。高节可以厉^②俗，孝悌可以扬名，信义可以交友，沉虑^③可以容众，力行可以建功，此将之五强也。谋不能料是非，礼不能任贤良，政不能正刑法，富不能济穷厄^④，智不能备未形，虑不能防微密，达不能举所知，败不能无怨谤，此之谓八恶也。

注释

① 五强八恶：五种优势，八种缺点。
② 厉：激励。
③ 沉虑：深思熟虑。
④ 穷厄：贫困。

译文

合格的将领需要拥有五种美德，并克服八种缺点。高风亮节可以激励世俗，尊老爱幼可以声名远扬，讲诚信讲道义能够结交朋友，深思熟虑可以包容他人，身体力行可以建功立业，这就是五种重要的品德。谋划时不能判断是非对错，施行礼法时不能举贤任能，管理政务时无法严明律法，荣华富贵时无法救济贫困，分析形势时做不到未雨绸缪，思考问题时做不到防微杜渐，飞黄腾达时不能举荐自己熟悉的贤人，遭受挫折时做不到自我反省，这就是所谓的八种缺点。

诸葛亮对于将领的要求一直非常严格，他从不奢望一个将领可以完美无缺，再好的将领也有缺点，但他认为一个好的将领应该具备五种优点：高尚的品德、尊老爱幼、讲诚信讲道义、遇事深思熟虑、凡事亲自实践。前面三点强调了将领应该具备的道德素养，后面两点侧重于做事的方法。

按照常人的理解，一个将领最大的优点应该是能打仗，应该具备强大的军事领导才能，可以在战场上奋勇杀敌，具备出色的谋略，可以出其不意地攻击所有敌人，似乎能力才是将领最大的资本，但为什么诸葛亮非要忽略"能力"选项，侧重于讲述个人美德和行为模式呢？最重要的一点还是在于他认为将领想要带领军队打胜仗，就需要和士兵打成一片，赢得士兵的信任。

比如，某电商平台创始人每年都会回老家给老人们发红包，这样的人能够照顾到村里的老弱病残，本身就代表了企业家的社会责任感和格局。正因为如此，他赢得了员工的信任，可以让更多的人为公司的发展努力奋斗，公司最终也成了国内互联网企业中的佼佼者。

又比如，字节跳动公司创始人张一鸣，早在创业之前就拥有很好的计算机技术底子，拥有出色的编程能力。在创业的过程中，他经常自己动手编程和研发新的软件，也正因为如此，他不仅可以在第一时间了解企业的研发进程，同时也可以给所有研发人员做一个榜样，这样有助于激励整个团队，这也是字节跳动公司能够在短时间内崛起的重要原因。

在团队管理中，高尚的品德、尊老爱幼、讲诚信讲道义的管理者自然更受员工的青睐和爱戴。此外，做事深思熟虑的管理者不会冲动行事，更不会一意孤行，这种人值得依靠。而作战时一马当先，身体力行，更是可以给所有人做好榜样，这样的管理者自然会受到大家的敬重。从这几个优点来看，诸葛亮强调：领导者必须赢得员工的信任。

另外，诸葛亮认为好的将领虽然不能完全消除身上的缺点，但是有八个缺点是必须克服的，它们分别为：没有判断是非对错的能力，不能举贤任能，律法不严明，发达时不救济贫困，遇事不做好准备，不看重细节上的错误，自己发达了却遗弃朋友，失败了怨天尤人不能自我反省。

没有是非对错的判断能力，就会导致自己在错误的道路上一意孤行，团队日后面临的危机越来越大。很多管理者遇事全凭主观判断，不够理性，没有正确的价值观，长此以往很容易把团队带偏。

不能举贤任能，则会让更多有德行、有能力的人无法得到重用，团队的发展也会受到制约。如果仔细分析，就会发现那些不能任用有德才的人的企业，往往缺乏竞争力。

不能严明律法，那么整个团队的管理就会陷入失控无序的状态，内部的公平体系也被打破，团队很难真正形成一股合力。律法严明是企业管理的基本保障，如果赏罚不明，制度没人遵守，工作不按照要求执行，那么企业就会陷入混乱和分裂状态。

不救济贫困虽然是道德问题，但这样自私自利的人，很难赢得员工的认同。假设一个企业家只想着让自己的企业做强做大，只想着让自己越来越富有，而缺乏救济员工、救济社会的责任感，那么这个企业也难以长久发展下去。

做事不能未雨绸缪，那么当团队遭遇危机时，很难找到解决问题的方法。很多企业之所以在危机到来时，毫无抵抗能力，很大一部分原因是他们从没有考虑过这些问题，也没有提前做准备。

不能防微杜渐，团队内部的一些小问题会不断放大，最终带来巨大的麻烦。企业内部的腐败问题往往都是从贪小利开始的，企业内部的官本位思想也是从权力的第一次滥用开始的，小问题不重视，最终变成大麻烦。

发达时忘却故人，这是典型的"同贫困不能同富贵"，这种人忘恩负义，过河拆桥，员工很难信任他，自然也不会为之卖力。在职场上，这种人往往是最容易受到员工孤立和排斥的，因为所有人都担心自己只是对方利用的工具。

失败了只会找外因，却不从自身寻找原因，这样的人太过自我，无法成就大事业。那些做大事的人，那些心怀远大理想的企业家，从来不给自己的失败找借口，而是踏踏实实自我反省，在每一次的失败中汲取教训，最终带领团队走向成功。

"五强八恶"较为全面地概括了管理者的工作须知，它在道德、思想、行为等方面做出约束，从而指导和修正管理者的工作，提升他们的管理水平和团队的竞争力。

第十二篇

出 师

古者国有危难，君简^①贤能而任之。齐^②三日，入太庙，南面而立；将北面，太师进钺^③于君。君持钺柄以授将，曰："从此至军，将军其裁之。"复命曰："见其虚则进，见其实则退。勿以身贵而贱人，勿以独见而违众，勿恃功能而失忠信。士未坐，勿坐，士未食，勿食，同寒暑，等劳逸，齐甘苦，均危患；如此，则士必尽死，敌必可亡。"将受词，凿凶门^④，引军而出。君送之，跪而推毂曰："进退惟时，军中事，不由君命，皆由将出。"若此，则无天于上，无地于下，无敌于前，无主于后，是以智者为之虑，勇者为之斗，故能战胜于外，功成于内，扬名于后世，福流于子孙矣。

注释

① 简：挑选。

② 齐：通假字，通"斋"，斋戒的意思。

③ 钺：形状像斧头的兵器。

④ 凿凶门：古代军队出征，会在北面的城墙开凿一个门，军队从这个门出发，表示必死的决心，因此这个门被称为"凶门"。

译文

从古至今，但凡国家遇到劫难，国君就会选拔有能力的将领出征。出征前，国君会斋戒三日，到太庙里告祭列祖列宗，国君面南而站，将领面北而立，太师则双手奉上象征权力的斧钺，国君接过斧钺，将其授予将领，然后对他说："从现在开始，这支部队就交给你指挥了。"国君接着叮嘱道："作战时，一定要机动灵活，见敌人势弱就坚决进攻，见敌人实力强大就要及时撤退。不能因为自己身居高位而看轻别人，也不要因为自己见解独特而罔顾部下的意见，不可以凭借自己显赫战功就失去忠信的品质。部下还没有坐下来休息，将领绝对不能自己先坐下来休息，部下还没有吃饭，将领也不能先进餐，将领应该与部下同甘共苦，只有做到这一切，手下的士兵才会竭尽全力杀敌，敌人自然也就一定会被打败。"将领听完国君的训命后，亲自打开凶门，率军出征。国君把出征的军队送出凶门，然后跪下推将领所乘马车的轮子，并且叮嘱道："将领到了战场上，可以根据战场的实际情况做判断和决策，有时候不必受到国君的影响。"这样一来，将领就牢牢掌控军权，不会受到任何制约，一心一意作战。这个时候，就可以让足智多谋的谋士献计献策，让勇猛无敌的人上战场杀敌，从而大败敌军，建立赫赫军功，自己也能扬名于后世，福泽恩及子孙后代。

解　读

　　《出师》篇虽然较为详细地描述了军队出发的基本流程，但核心内容讲述的还是军队管理权限的掌控问题。诸葛亮认为，当将领领命出征时，君主需要将军队的管理权限交到他手中，此时，将领拥有最基本的军队管理权限，比如，拥有最基本的军事作战指挥权，他可以决定仗怎么打，让谁去打，谁可以出谋划策，谁可以出任先锋，有关人员的调动和计谋的策划，他完全可以自己做主，而不用受到君主的制约。简单来说，诸葛亮强调了"将在外，军令有所不受"的管理思维和作战思维。

　　这种军队管理模式本质上就是授权的问题，即君主要充分授权给优秀的将帅，确保将帅对军队的掌控力。这一点很难得，在古代，君主为了维护王权，必定会加强对军队的控制，很多时候，将领的职能和权限会被削弱，这样就可以保证他们无法发动叛乱，更无法推翻君主的统治。不过削弱将帅的军权容易带来一个问题，那就是直接导致将领无法充分发挥自己的军事才能。比如，将领在做出进攻还是撤退的决定时，需要上报给君主，但君主对战场形势不了解，或者说君主不具备军事作战的才能，根本无法提供合理的作战方针。不仅如此，战场形势瞬息万变，等上报给君主，君主的指令传来时，可能已经贻误了战机。正因为如此，君主需要授权给将领，将军队作战指挥权交给对方，确保对方拥有更多的自主权处理战场上的情况。

授权是企业管理中一种很常见的方法，一般指负责人将某一项工作的指挥权交给其他参与者或者下属的一种管理方式，授权往往是为了确保管理者能集中去做自己最擅长的事情，将自己不擅长或者没有精力做好的事情交给其他更专业的人去做。在过去很长一段时间内，企业的发展大多采取粗放式、集权式的管理模式，企业家掌控几乎所有的管理权，无论生产、销售、财务、质量管控，还是服务，全部都一手抓。这种集权模式有一个很大的缺陷，那就是随着企业的发展壮大，企业的效率会越来越低，管理者在工作中越来越容易出错。

比如，很多企业家本身很有魄力，但是专业能力是短板，他们需要更多的帮手来帮助解决问题，可想要让其他人发挥作用，就要给予对方更多施展才华的空间，如果对方无论做什么都要经过企业家的认同和批准，无论制订什么计划都要遵照企业家的意愿，无论安排什么人都要征得企业家的同意，那么他们的执行力就会受到影响，也就没有办法发挥出自己应有的能力和作用。

随着现代管理制度的不断发展和完善，很多企业从粗放型的管理模式，逐步转变为精细化的管理模式，而随着精细化管理模式的出现，原有的集权式管理也开始慢慢产生变化，分权与授权成了管理的一个重要转变。对于管理者来说，授权代表了一种更加高效的合作机制，可以让更多有能力的人出现在合适的岗位上，让团队内的权力、资源得到有效的分配，真正实现"人尽其才，物尽其用"。出色的企业家往往懂得放权，能够在不影响企业稳定发展的前提下，给予下属更大的管理权限，这也是资源合理化配置的一种方式。

择才

夫师之行^①也，有好斗乐战，独取强敌者，聚为一徒^②，名曰：报国之士；有气盖三军，材力勇健者，聚为一徒，名曰：突陈之士；有轻足善步，走如奔马者，聚为一徒，名曰：搴旗^③之士；有骑射如飞，发无不中者，聚为一徒，名曰：争锋之士；有射必中，中必死者，聚为一徒，名曰：飞驰之士；有善发强弩，远而必中者，聚为一徒，名曰：摧锋之士。此六，军之善士，各因其能而用之也。

注释

① 行：军队编制，二十五人为一行。
② 徒：组，队。
③ 搴旗：拔旗。

译文

队伍中有不同类型的士兵，将领需要按照他们的特长来编队，有的士兵武艺高强，善于对敌厮杀，单兵作战，与强劲的对手进行较量，应该把他们编在一个行列里，为报国之士；有的士兵气势上无可匹敌，身体健壮矫捷，应把他们编在一个行列里，为突击队；有的士兵行动迅速、敏捷，像飞驰的马一样有威势，应把他们编在一起，这些人可以组成先锋部队；有的士兵能骑善射，箭术高超，百发百中，应把他们编在一起，这些人可以组成争锋队；有的士兵擅长射箭，中箭者必死，也应把他们编在一个行列里，这些人可以组成飞驰队；有的士兵力大无比，可以使用强有力的弓弩，射中远处的敌人，应把他们编成一组，组成摧锋队。这六种类型的士兵，有不同的能力特点，将领应该合理使用，充分发挥他们的特长。

解　读

英国著名的管理学家德尼摩曾经提出一个著名的论点：凡事都应该有一个可安置的所在，自然中的一切都应该存在于它本就该存在的地方，这就是著名的"德尼摩定律"。按照德尼摩定律的定义，这个世界上的每一个人、每一样东西，都拥有自身独特的价值和作用，不仅如此，世界上始终存在一个最适合发挥这个价值的位置和平台。因此，人们需要做的就是在挖掘不同能力和价值的同时，懂得寻找最适合它们的位置，只要将它们安放在最合适的位置上，就可以实现它们的价值。

德尼摩定律是人事管理中的重要定律，毫不夸张地说，一个团队想要实现员工价值的最大化，就要懂得确保每一个人都可以出现在最适合的岗位上。诸葛亮依据士兵的特点组建作战小队，分别按照武艺、气势、敏捷度、骑射、弓弩等特长组队，确保每一个士兵都可以发挥出自己最大的作用，从而提高军队的整体作战能力。在当时的社会条件下，这是非常出色的作战理念，也是德尼摩定律的一种重要体现。在现代管理模式中，情况更加复杂，人员的能力特点细分更加明显，想打造一支强大的队伍，就要像诸葛亮一样，善于挖掘不同的人的价值。

在谈到人才的时候，许多人存在一些误解，认为人才就是高学历的员工，就是曾经在大公司工作过的员工。事实上，人才并没有一个具体的定义和明确的标准，真正的人才是那些可以发光发热，为团队或者集体提供价值的人。从本质上来说，每个人都是有价值的，只是有的人没有找到合适的平台而已，一个大工程师是人才，一个普普通通的小螺丝工也是人才，只要把他们放在可以发挥能力和价值的岗位上，只要为他们提供最合适的平台，他们就可以释放自己最大的价值。

比如，某员工在公司一直从事销售工作，可是连续几年的销售业绩都是部门内倒数，市场部经理认为这个员工工作能力太差，根本不具备留在公司的资格，于是准备开除他。在偶然的一次谈心中，经理发现他对于产品的销售虽然不感兴趣，但在产品技术方面很有心得，知道哪些产品技术更受欢迎，也能够说出产品技术改进的方法，经理认为他可能更加适合搞技术研发。详谈之下，得知该员工在大学期间主修的是与机械制造相关的专业，于是就将他推荐给了技术研发部，结果短短几个月的时间，这名员工就因为出色的工作表现赢得了研发部的认可，而且还跟随研发团队攻克了一项技术难题。

老子在《道德经》中说过这样一段话："善行，无辙迹；善言，无瑕谪；善数，不用筹策；善闭，无关楗而不可开；善结，无绳约而不可解。是以圣人常善救人，故无弃人；常善救物，故无弃物。是谓袭明。"意思是：那些善于行走的人往往不会轻易给自己留下任何走动的痕迹；那些善于说话的人往往滴水不漏，在别人面前说话不会留下什么破绽；善于计算的人心智发达，思维清晰，根本用不着任何计算工具；善于封锁之术的人即便不设置什么机关，恐怕也没有人能打开；善于束缚的人，别人即便看不到任何绳结，却始终不能解脱他的束缚。圣人的宗旨就是努力挽救每一个人，这个世界上并不存在没有任何价值的人；只要人们懂得最大限度地利用物力，就不会存在毫无价值的东西，这就是因循自然的大智慧。

一个优秀的管理者，应该懂得识别人才、挖掘人才，根据员工的特点、能力、喜好，合理安排不同的任务，确保团队中的每一个人都可以出现在最合适的岗位上。例如，技术能力出众的搞技术研发，善于组织和协调的从事人力资源管理工作，财务知识出色的可以做财务工作，口才出众、善于销售的可以从事市场销售工作。企业需要在细化分工的前提下，做好人职匹配方面的工作，确保团队作战效率的提升。

第十四篇

智　用

夫为将之道，必顺天、因时、依人以立胜也。故天作^①时不作而人作，是谓逆时；时作天不作而人作，是谓逆天；天作时作而人不作，是谓逆人。智者不逆天，亦不逆时，亦不逆人也。

注释

① 作：起来、兴起。

译文

将领在带兵打仗时需要遵循自然规律，必须顺应天时、把握时机、顺从大家的意愿，这样才能获得最终的胜利，这三个要素缺一不可。有时候顺应了天时，也顺从了民意，但因为时机不成熟就导致了失败，这就是违背时机的结果；有时候时机成熟，也顺从了民意，但是由于不能顺应天时，导致战斗失败，这就是违背天时的结果；有时候天时和时机都恰到好处，但是没有顺从民意，这就违背了大众的意愿，导致最终的失败。一个睿智的将领，不会违背天时，也不会错过有利的时机，更不会违背人民的意愿。

在谈到个人成功要素的时候，许多人通常将个人的成功归结为某个单一的因素，比如，某人平时很低调，做事不显山不露水，也没有太过亮眼的表现，当他突然获得成功的时候，大家习惯性地将这种成功归结于运气，却忽略了他在成功之前所做出的各种努力，忽略了他强大的判断能力和掌握时机的能力。又比如，某人在获得成功之后，大家习惯性地认为这是必然的，因为他为人勤奋努力，做事又有章法，很难不获得成功。可是大家只看到了他的勤奋努力，却不知道他的成功本身就契合了时代发展的需求。

个人的成功向来是一个复杂的问题，这也是为什么很多人都无法找到一个合适的标准以及合理的模式。比如，在 2000 年前后，中国诞生了一大批出色的互联网企业家，他们一度占据中国财富榜的前几名，对于这些企业家的成功，大家可能会认为这些人头脑活跃，思维清晰，能力出众，善于团结众人一起奋斗，他们的成功是必然的，但多数人从来没有想过这样一个问题：为什么这些企业家在当时会集中出现在互联网领域，而不是其他领域？也许有不少人会说："这是因为互联网在当时刚好兴起，可以说是一个最佳的创业风口，只要站在风口上，即便一头猪也有可能飞起来。"听起来很有道理，可是新的问题接踵而来：为什么当时只有马化腾、马云、张朝阳等少数人可以获得成功，而其他绝大多数同样进入互联网企业的创业者，却只能灰头土脸地离场呢？

从互联网企业家的成功之道就可以看出一些端倪，那就是任何一种成功都脱离不了个人的能力，如果一个人没有能力，也不够努力，无法赢得大家的支持，那么也不可能轻易获得成功的。个人的能力和努力是一种底蕴，决定了个人的基本成色，但仅仅依靠努力是不够的，人们还需要顺应天时，或者说外部的大环境，古代打仗会观看天气，弄清楚是刮风下雨，还是艳阳高照，天气会影响军队的作战方针。在现代商场、职场上，所谓的天时一般是指大环境的变化，时代变迁、行业变化、市场变动、政策变化，都属于大环境的范畴，很多人在 2000 年前后选择投资互联网就是顺应时代的变化，把握住了互联网发展的时代红利。而仅仅拥有个人能力和把握天时是远远不够的，因为事物总是在不断发展、变化，任何一件事、任何一个项目都可能会在不同的时间段里出现不同的特征，想要把握事物发展的规律，想要推动事物快速发展，并且做到不被事物的发展所困扰，就要懂得把握一些关键节点，而这个节点就是时机，进退都有时机。很多人之所以在互联网领域难以获得成功，就是因为时机把握得不对，没有在最恰当的时机进入，也没有在最佳的时机退出，导致失去对局势的掌控。

诸葛亮认为天时、时机、人和缺一不可，顺应天时，顺应人心，但是时机不对，那么失败就是必然的；顺应天时，也把握了时机，但是所做之事得不到大家的理解和支持，也就无法获取更多的资源做事，自己的理想和计划也就无法得到实现；有时候，顺应了人心，甚至大家都能够保持一心，而且对时机的把握能力也很出众，但是由于所作所为不能顺应时代的发展，甚至违背了时代发展的需求，那么所有的努力都将沦为空谈。对于个人而言，成功是内外双修的结果，不仅要顺应人心、顺应时机，还要顺应天时，三者缺一不可。所以诸葛亮始终在强调一个观点，那就是——一个充满智慧的人绝不会违背天时、违背时机、违背大家的意愿做事。

对于多数人来说，迎合局势的发展来推进自己的事业，顺应天时是强调大环境所施加的正面影响，基本上可以稳住个人奋斗的方向，方向对了，才有可能产生好的结果；顺应时机则强调事物发展的节点，只有把握这些决定事物发展趋势的节点，才能真正做成大事；顺应人心更多的是强调人力上的支持，如果一个人所做的事情不违背大家的利益，甚至有助于提升大家的收益，那么就更容易获得大众的支持。相反，如果一个人所做的事情违背了大家的利益，那么他在实施计划时必会遭到来自各方的阻力。

总的来说，在个人发展的过程中，如果可以有效把握天时、时机、人和这三个要素，那么成功就会变得更加容易。

第十五篇

不 阵

古之善理者不师^①，善师者不阵^②，善阵者不战，善战者不败，善败者不亡。昔者，圣人之治理也，安其居，乐其业，至老不相攻伐，可谓善理者不师也。若舜^③修典刑，咎繇^④作士师，人不干令，刑无可施，可谓善师者不阵。若禹^⑤伐有苗，舜舞干羽而苗民格，可谓善阵者不战。若齐桓南服强楚，北服山戎，可谓善战者不败。若楚昭^⑥遭祸，奔秦求救，卒能返国，可谓善败者不亡矣。

注释

① 师：动用武力。
② 阵：摆开阵势。
③ 舜：三皇五帝之一，受到尧的禅让而称帝。
④ 咎繇：皋陶，中国司法的始祖。
⑤ 禹：夏朝开国君主，治水有功，受舜禅让而得帝位。
⑥ 楚昭：楚昭王。

译文

在古代，那些善于治理国家且懂得治国规律的君主是不会依赖军队这种国家机器的，那些具有军事才能的将领也不以摆开交战的阵势来威胁对方，而善于排兵布阵的将领也不会向对方发起攻击，善于指挥战斗的人则能永远立于不败之地，因为他们会将战胜对方的主动权掌握在自己手上，创造获胜的条件，善于应对败局并懂得总结失败教训的将领也不会被敌人消灭。在过去，一个英明的君主治理天下，主要是能让老百姓生活安定，愉快地从事自己的工作，大家和睦相处，不发生任何不愉快的纠纷，这就是上面所说的"善理者不师"的意思。上古时代，舜帝制订各种法典，还让大臣皋陶担任管理刑法的官员，老百姓无人敢冒犯法令，因此国家的刑法也就没有用在任何人身上，这就是"善师者不阵"的意思。大禹征伐苗族时，舜手持舞蹈用的干盾、羽扇，只是摆出一个阵势，就征服了苗族人，这就是"善阵者不战"的意思。齐桓公在南讨楚国，北伐山戎的过程中，英勇善战，所向无敌，这就是"善战者不败"的意思。楚昭王被吴国打败后，楚国大夫申包胥立刻逃到秦国搬救兵，在秦国朝堂上哭了七天七夜后，终于搬来救兵，打败了吴国，成功复国，这就是"善败者不亡"的意思。

解　读

诸葛亮在《不阵》篇中阐述了治理国家的一些真理，比如，很多君主不能正确地理解治国和带兵打仗的方法，他们认为国家机器本身就具备很强大的约束力和威慑力，是治理国家的绝佳工具，因此会依赖军队压制民众。但真正聪明且有能力的君主，不会依赖军队治国，军队只是潜在的管理因素。同样地，很多将领喜欢摆好阵势威慑敌人，可是优秀的将领完全不需要营造兵临城下的危机感使敌人臣服，他们不会通过发动进攻来打败敌人。诸葛亮认为真正善于指挥战斗的人，懂得把握时机，在交战之前就会想办法创造有利于自己的条件，将主动权掌握在自己手中，尽可能让自己立于不败之地。带兵打仗有输有赢，是一件很正常的事，真正会打仗的人虽然也会吃败仗，但重要的是，他们懂得在失败中总结经验，并为下一次的战斗做好充分的准备。

诸葛亮还特意对相关内容进行了引申，即不要通过强制手段来影响他人，不要通过直接压制和盲目攻击使人臣服，一个聪明的人善用计谋赢得胜利，懂得使用一些非强硬手段创造机会。比如，君主可以施行仁政，军队只是一个潜在的保障；严苛的法令更多的是一种约束，可以让更多人遵守规则，最终达到无人触犯法律的状态；列好强大的阵势并不是为了发动战争，而恰恰是为了通过止战赢得胜利。诸葛亮认为真正出色的管理者会想办法为自己的成功做好充分准备，哪怕失败了也会通过经验总结的方式赢得最终的胜利。古代军事家追求的最高境界就是"善理者不师，善师者不阵，善阵者不战，善战者不败，善败者不亡"，更多地强调"不战而屈人之兵"的思想，更进一步来说，那就是将成败原因归结到自己身上，不论外部敌人如何，都应用心做好自己该做的事，运用自己的能力和谋略来达到击败强敌的目的。

在职场上也是一样，很多时候，人们喜欢用自己的实力、优势、威严来实现压制他人的目的，以期达到自己想要的结果，但是运用强制手段使人屈服并不是一个好的策略，因为越是强势的表现越容易引起反弹。比如，在管理员工时，一些管理者认为想要让员工听话就必须使用一些强制手段，通过高压政策来约束员工的行为，通过一些惩罚性的措施阻止员工犯错，并引导他们为团队的发展目标而奋斗。但是当管理者表现得过于强势时，员工可能会产生不满的情绪，并且可能会对这种高压的管理模式感到恐慌和厌倦。而聪明的管理者并不总依靠自己的权力打压别人，他们知道如何约束和引导员工的行为，严格的制度能够规范员工的行为，而不用一直发号施令，或者直接进行惩罚。

面对竞争对手时也一样，管理者懂得如何隐晦地展示自己强大的实力，懂得如何在避免发生正面冲突的前提下影响他人，令他人不战而退，心生怯意。他们不会贸然列好阵势，发起进攻，而是懂得针对敌人做出各种有效的部署，确保自己可以掌控更多获胜的条件，确保局势向自己预期的方向倾斜，从而提升获胜的概率。对他们而言，重要的不是面对谁，而是如何做好准备，以及保持怎样的一种状态。当面对强大的竞争者时，他们会努力寻找取胜的方法，找出对方的破绽，而这正是他们制胜的法宝。

第十六篇

将诚

《书》曰："狎侮^①君子，罔^②以尽人心，狎侮小人，罔以尽人力。"固行兵之要，务揽英雄之心，严赏罚之科，总文武之道，操刚柔之术，说^③礼乐而敦^④诗书，先仁义而后智勇；静如潜鱼，动若奔獭，丧其所连，折其所强，耀以旌旗，戒以金鼓；退若山移，进如风雨，击崩若摧，合战如虎；迫而容之，利而诱之，乱而取之，卑而骄之，亲而离之，强而弱之；有危者安之，有惧者悦之，有叛者怀之，有冤者申之，有强者抑之，有弱者扶之，有谋者亲之，有谗者覆^⑤之，获财者与之；不倍兵以攻弱，不恃众以轻敌，不傲才以骄人，不以宠而作威；先计而后动，知胜而始战，得其财帛不自宝，得其子女不自使。将能如此，严号申令，而人愿斗，则兵合刃接而人乐死矣。

注释	① 狎侮：侮辱。
	② 罔：没有。
	③ 说：教育。
	④ 敦：提倡、崇尚。
	⑤ 覆：覆灭。

　　《书经》说："戏辱品德高尚的人，就无法让他们真心对待自己，蔑视地位低下的人，就无法使他们竭尽全力为自己服务。"所以，将领统领军队的要诀是：广泛笼络部下的人心，严明赏罚的规章和纪律，贯彻文武结合的治理方针，使用刚柔并济的策略，以礼制和雅乐来教育大众，推荐和普及诗书，对内还要先施行大仁大义，而后提倡大智大勇。领兵作战时，要求士兵在休息时像游鱼潜水一样不发出一点声响，命令士兵出击时像奔跑中的獭一样突跃飞奔，又快又猛，打乱敌人的阵营，切断敌人的联系，削弱敌人的势力，挥动旌旗相互联络，以鸣锣击鼓传递号令。撤兵时部队应像大山移动一样稳重整齐，进攻时则要像暴风骤雨一样猛烈，以摧枯拉朽之势彻底摧毁敌人，像饿虎扑食一样围歼敌人。在对敌时要采取一些计谋：敌人急迫时，就从容应对；敌人贪婪时，就用各种利益诱惑他们；敌人混乱时，就趁机攻取敌营；敌人谨慎时，要想办法放纵他们，使其骄傲自大；敌人团结时，要想办法挑拨离间；敌人强大时，要想办法削弱他们。在管理部下时，也要注意方法：当部下感到危险时，要想办法给予他们安全感；当部下感到忧惧时，要想办法使他们高兴起来；有人出现叛乱时，要想办法安抚他们；有冤屈的人，要想办法替他们申冤平反；有人蛮横无理，就要抑制和打压他们的气势；有人羸弱不堪，就要想办法扶持他们；有人智谋出众，就要想办法亲近他们；有人喜欢进献谗言，就要坚决打击；有人收获了战利品，一定要给予奖赏。在进行自我管理时，则要注意以下几点：如果敌人势弱，就不必用两倍的兵力去攻打他们，也不能因为自己力量强大而轻视敌人，更不能骄傲自大、目中无人，不能因为自己受宠就到处作威作福；对于整个战事的推进，一定要先制订翔实的计划后才能采取行动，要有万全的把握才能领兵出征；胜利后，不独自占有战场上缴获的财物、布帛，抓获的俘虏也不能供自己独自役使。如果将领可以达到这些要求，那么法令和纪律自然会严明，将士也一定会积极作战，在短兵交接的战场上奋勇杀敌，不惜为国捐躯。

　　诸葛亮非常看重将领在军队中的作用，他认为一支强大的队伍离不开一位出色的将领，将领军事素养和管理才能的高低直接决定了这支队伍的优劣。那么优秀的将领应该具备什么样的品质呢？在《将诚》篇中，诸葛亮重点从三个方面出发，谈到了优秀将领的一些行为标准：对内做到纪律严明、笼络人心、教化部下、施行仁政、给予士兵更多的关怀；对外必须出击迅猛、不轻视敌人、有针对性地制订对敌策略；将领自己则做到自信而不失低调，不独占功劳，遇事先制订详细的策略。

　　与之相似的是，大家对于团队管理者或者企业家的要求基本上也是从这三个方面出发，即对外的竞争策略、团队的内部管理以及自我管理。对外的竞争策略能够体现出一个管理者的战斗素养和竞争力，他们并不会鲁莽行动，而是懂得如何依据事情的变化来制订合理的策略，依据敌人的特点制订合理的进攻策略，确保自己的每一次出击都可以把握住对方的弱点，从而达到事半功倍的效果，他们会追求极致的进攻效率，即便采取守势，也会表现出出色的素养，绝不会轻易给对手留下太多的机会，确保所有的对手对自己心存敬畏，不敢贸然出击。

　　如果说对外的竞争策略能够体现出团队的作战能力和竞争力，那么团队内部的管理则更加倾向于保证队伍的作战意识和态度，一个团队是否强大，不仅要看团队成员的个人能力是否突出，还要看团队内部的工作氛围是否良好，以及员工是否有归属感。如果员工一心为公司、为管理者着想，那么整个团队最终会拧成一股绳。正因为如此，对内管理的核心就是管理和团结众人，在物质上要满足员工，在精神上要激励员工，在生活上要关怀员工，一定要坚持公平、公正、公开的原则，善待每一个好员工，同时，不要纵容每一个居心不良的坏员工。加强团队内部的管理，目的是打造一支更具凝聚力的战斗队伍，确保所有的员工保持旺盛的工作状态。

对外竞争和对内管理可以从内外两方面保证团队的竞争力，但对于管理者来说，团队管理的关键还在于自我管理，管理者作为团队的领头羊与核心人物，他们的一举一动都会对团队的发展产生影响，所以他们必须格外注意自己的行为，确保不会损害团队的利益，其做事风格、做事方法、做人的原则更要成为好的榜样，从而对员工产生积极的引导作用。

在管理企业时，管理者很容易出现倾向性或者偏向性，有的管理者能力出众，魄力十足，懂得如何在市场上积极拓展业务，提升竞争优势，可是并不擅长内部管理，对员工不够关心，而且使用高压态势压迫员工，整个团队缺乏更大的凝聚力，在竞争时很容易伤人伤己。有的管理者非常善于管理员工，待人亲和，懂得关心员工，在物质和精神上给予员工双重鼓励，但他们没有强大的竞争欲望，没有在市场上大杀四方的魄力和能力，做事不够果断坚决，难以把握发展的时机，因此，团队很难在市场上获得什么突破。

还有一些管理者竞争意识出众，竞争能力很强，也有很强的带队能力，能够给予员工一定的奖励，员工的归属感比较强，可是个人管理不太出色，做人做事没有原则，做事缺乏计划，不够自律，而且经常表现得骄傲自大，在一些关键节点上容易犯错。真正优秀的管理者并非完美无瑕，不一定要面面俱到，但是在对外竞争、对内管理、自我管理上必须做到位，确保自己可以更好地领导队伍去奋斗。

第十七篇

戒 备

夫国之大务，莫先于戒备。若夫失之毫厘，则差若千里，覆军杀将，势不逾息^①，可不惧哉！故有患难，君臣旰食^②而谋之，择贤而任之。若乃居安而不思危，寇至而不知惧，此谓燕巢于幕，鱼游于鼎，亡不俟夕矣！《传》曰："不备不虞^③，不可以师。"又曰："备豫不虞，古之善政。"又曰："蜂虿^④尚有毒，而况国乎？"无备，虽众不可恃也。故曰，有备无患。故三军之行，不可无备也。

注释
① 不逾息：止不住。
② 旰（gàn）食：天色很晚才吃饭。
③ 虞：担忧。
④ 蜂虿：蜜蜂和蝎子，一般指带有毒刺的动物。

译文

对一个国家来说，最重要的事务是加强国家戒备，在国家戒备的问题上稍有偏差，就会导致严重的后果，以致出现损兵折将的惨剧，这些可怕的事情是不可挽回的，让人忧心忡忡啊！所以，一旦国家出现了危难，君臣应当同心同德，废寝忘食，共同谋划策略，挑选有能力的人担任将领，指挥三军应敌。如果不能居安思危，那么恐怕敌人打到了家门口也没有任何恐惧和警觉，这样就如同燕子的窝巢搭筑在门帘上，鱼儿在水锅里游来游去一样，国家离灭亡的日子已经不远了。《左传》中说："如果国家平时不戒备不防范，那么战争到来的时候根本无法出兵！"又说："一个国家只有平时有所防备，居安思危，妥善安排，防止可能出现的灾难，这是古代推崇的治国方法。"还说："蜜蜂和蝎子一类的小昆虫都懂得以毒刺作为自我防御的工具，更何况是一个庞大的国家呢？"如果一个国家平时缺乏戒备，忽视国防建设，那么当战争到来时，即便军队再多也无济于事，所谓的有备无患就是这个意思。因此，行军打仗时一定要做好准备。

解 读

诸葛亮在谈到治理国家和军队时提到了"戒备"一词，他认为，国家想要实现长治久安，不能只顾着谋求发展，不能只顾着如何繁荣经济，还应该重点抓国防，加强戒备，因为任何一个国家都不可能一帆风顺，无论是外部竞争还是内部分化，都有可能给国家制造麻烦，带来严重的危机，而君主要做的就是提前做好防备，确保危机到来的时候可以及时采取应对措施，挑选有能力的将领来领导三军。

诸葛亮在这里谈到的戒备其实就是一种危机意识，一个企业的领导者、一个团队的管理者都应该具备危机意识，懂得居安思危，懂得对局势做出预测并提前做好准备。以企业发展为例，企业一般都会侧重于谈论发展机遇，侧重于谈论发展的策略和规划，或者谈论即将到手的收益，但他们很少关注团队是否会遭遇危机，也不会提前制订应对危机的策略和相关措施，尤其是一些处于高速发展阶段的企业，更容易忽略危机管理。

比如，很多企业把握住了时代风口，实现了快速发展，但是风口最终会过去，新的市场需求和技术需求会不断出现，新的发展模式也会到来，企业必须做好被市场淘汰的危机管理，必须意识到自己有朝一日会在大环境的变化中丧失优势从而提前做好准备，在危机到来之前积极转型，打造新的发展模式。世界上有很多非常优秀的企业，它们曾经称霸市场，无论技术、产品还是服务都是市场上一流的，可是它们最终都销声匿迹，被市场淘汰出局，很大一部分原因就是无法做到居安思危，管理者沉迷于当下的繁荣，完全忽略了未来发展道路上的危机，忽略了时代变迁下的行业变动，在新技术和新行业出现的时候无法及时应对，最终被市场无情淘汰。

又比如，一些企业的管理者平时不注重危机管理，自己没有危机意识，员工也缺乏危机感，做事情的时候只想着如何谋求最大的效益，只想着如何把握商机，却没有考虑过发展过程中会出现的危机。当竞争对手突然发难，或者内部出现管理危机，或者企业发展遭遇困境等，管理者该如何应对？当管理者忽略危机，在危机到来时，他往往毫无应对之力。

一个优秀的企业家或管理者固然需要保持自信，但同样应该具备危机意识，在面对外部竞争时，养成"不进步就要消亡"的警惕心，努力提升自己的实力，做到与时俱进，确保自己始终可以跟上时代发展的节奏。在管理企业时，养成善于发现、思考危机并制订应对措施的良好习惯，在制订一项计划时，必须评估潜在的危险，并且提前制订应对方案，这样才可以防患于未然。不仅如此，管理者还要向员工传递危机意识，让他们深切地感受市场竞争的激烈，并且引导他们进行内部的良性竞争，帮助他们树立不提升自我就要被淘汰出局的危机感，比如，积极打造完善的绩效考核制度与薪酬管理制度，让员工始终保持强大的竞争意识，从而激活团队的斗志。

从某种意义上来说，许多人之所以缺乏危机意识，一是因为过分自信，他们并不觉得自己会遭遇什么大的困难，或者坚信自己可以应对所有困难。二是因为害怕，他们在内心深处就不喜欢任何失败，这种恐惧会导致他们产生逃避心理，产生只愿意往好的方向想，而不愿意往坏处深究的思维模式。三是因为许多人本身就缺乏危机意识，根本没有为潜在的危险做好准备，他们在做事的时候通常都存在考虑不充分、准备不足的问题。

无论是什么原因，最终都会阻碍个人和团队的发展，没有任何人、任何团队会一直一帆风顺，危机总是无处不在，这是任何人都无法避免的，最好的方式就是勇敢地面对它们，培养自己的危机意识，提前做好充足的准备，这样才能在危机到来时，表现得更加从容。

第十八篇

习 练

　　夫军无习练，百不当^①一；习而用之，一可当百。故仲尼曰："不教而战，是谓弃之。"又曰："善人教民七年，亦可以即戎^②矣。"然则即戎之不可不教，教之以礼义，诲之以忠信，诫之以典刑，威之以赏罚，故人知劝。然后习之，或陈而分之，坐而起之，行而止之，走而却之，别而合之，散而聚之。一人可教十人，十人可教百人，百人可教千人，千人可教万人，可教三军，然后教练而敌可胜矣。

注释

① 当：抵得上。
② 戎：征伐。

译文

　　如果军队的士兵得不到应有的学习和训练，那么即便是一百名士兵也抵不上一个敌人；如果军队的士兵受到了应有的学习和训练，那么一名士兵就抵得上一百个敌人。所以孔子说："百姓没有受到系统的教育和训练就去参加战斗，这无异于让他们去送死。"又说："让贤德的人用七年的时间来教育和训练百姓，他们马上就可以投入战斗。"既然如此，想让百姓具备即战力，在出征之前就必须对他们进行教育和训练，训练时，要让百姓明白什么是礼，什么是义，要把忠信的思想教授给他们，要用奖赏和惩罚来威慑他们，**这样才能使他们自觉上进**。当士兵知道这些道理之后，就对他们进行基本的**技能**训练，如列队与散开、坐下起立、行进立定、前进后退、解散与集合。**像这样的话**，在实际训练中，一个人可以教十个人，十个人就能够教一百个人，一百个人可以教一千个人，一千人就能教一万个人，最终使得整个军队都可以得到有效的训练，只要反复接受战术训练，就可以在战场上打败敌人了。

解 读

在管理体系中，有一个非常重要的项目，那就是培训。军队中的士兵在正式参战之前需要接受正规的、系统的训练，包括如何相互配合作战、如何使用兵器、如何进攻和撤退等。训练是促进士兵成长不可或缺的环节，只有进行不断的训练，士兵才有能力应对复杂的、残酷的战场形势。反之，没有接受系统化训练的士兵战斗力弱，无法参加战斗。企业也是如此，员工在进入公司之后一般都需要进行长期的培训，通过培训，员工能够快速熟悉相关的流程和方法，将理论知识落实到实践中，也能够帮助员工更好地了解公司的工作模式与制度。而不经过专业培训的员工，无法适应竞争环境，也无法顺利完成自己的工作任务。

培训是团队管理中的重要项目，也是员工发挥自身能力的关键，从某种意义上来说，培训和招聘一样重要，招聘是寻找和挖掘人才，培训则是在此基础上对人才进行深度改造，可以说内部人才的培养都是通过系统化的培训来实现的。而对人才进行内部培训对于企业的发展至关重要，甚至直接决定了企业的长效发展，毕竟人才培训可以促进内部人才的新老更替，确保整个团队的人才不会出现断层。

诸葛亮认为，训练的目的是打造一支具有强大战斗力的队伍，那么如何进行人才培训呢？如何落实员工的训练计划和培训方案？培训的内容包含什么？诸葛亮在《习练》篇中谈到了训练的意识和训练的内容，他觉得将领在训练部下的时候，必须重点把握礼义，然后再学习基本技能，同时还强调了帮带机制，那些先接受培训的人，可以帮助管理者培训其他的受训者。

关于培训的问题，并不是一个单一的管理项目的问题，它更多地涉及了管理体系，培训并不是单独存在的机制，也不是一个突然的想法，想要做好培训员工的工作，往往需要做好各个方面的准备。比如，管理者或者团队需要制订合理的培训计划，而且这项计划在一定时间段内具有延续性和统一性，团队在引进人才之后，需要给出一个明确的、具体的培训计划，确保员工可以获得针对性的技术提升。制订了计划之后，需要各个部门进行配合，不同部门也需要制订相应的计划方案，弄清楚培训的时间、培训的具体内容及目的、培训的主要对象、培训的具体项目等，任何一个培训环节都要进行合理的配置，这样才能确保培训工作顺利开展。

除此之外，还需要制订合理的培训机制和方法，在培训员工时，可以采用导师制的方式，在平时的实习和工作中，安排一些经验丰富的老员工担任新员工的导师，给予新员工更多的指导性帮助。企业也可以开设培训班，定期对新员工进行培训。培训内容一般包括技能培训、业务培训、服务培训、思想培训、团队合作培训、应急能力培训、自我管理培训等。针对培训内容，企业需要设置一些绩效考核项目与考核标准，有效推动培训工作的开展。

总的来说，人才培训并不是一个独立的管理项目，往往需要依靠整个团队的力量，如果没有足够的支持，整个培训活动就会失去控制，也会失去应有的效果。

第十九篇

军蠹

夫三军之行，有探候不审，烽火失度①；后期犯令，不应时机，阻乱师徒②；乍前乍后，不合金鼓；上不恤下，削敛无度；营私徇己，不恤饥寒；非言妖辞，妄陈祸福；无事喧杂，惊惑将吏；勇不受制，专而陵③上；侵竭府库，擅给其财。此九者，三军之蠹，有之必败也。

注释

① 度：法律、规则。
② 师徒：军事行动。
③ 陵：欺侮。

译文

军队行动时，有九种情况会直接导致全军崩溃：一是对敌情的侦察不仔细、不准确，在消息的反馈上不按规定进行，与实情不符；二是不遵守作战命令，贻误战机，使整个军事行动受阻；三是不服从指挥，不听候调度，队伍秩序混乱；四是将官不体贴部下，只知一味地聚敛搜刮；五是营私舞弊，不关心下级将士的生活；六是迷信诽谤和造谣，胡乱猜测吉凶祸福；七是无端喧闹，扰乱军心；八是依据自己的强大飞扬跋扈，犯上作乱；九是假公济私，侵占国家财物。这九种情况就像军队里的蛀虫一般，一旦真的存在，那么军队在作战时必定会失败。

解　读

　　为了维持团队的正常运行，为了确保团队不会出现大的危机，管理者一般都会加强对团队内部的管理，尽可能防止内部出现一些破坏发展、破坏稳定的不和谐因子。不同的团队会有不同的发展特点和管理需求，但是在涉及威胁团队发展的因素方面，则大同小异。

　　诸葛亮从军队管理的角度出发，谈到了军队内部的"九蠹"，分别是敌情探查不明、不服从军令以致贻误战机、不服从调遣、剥削部下、营私舞弊、诽谤造谣、扰乱军心、犯上作乱、侵占国家利益。这九种行为会影响军队的作战，并且有可能会导致内部分裂。诸葛亮一直在强调军队是一个整体的概念，而"九蠹"则会动摇军队管理的根基，引发内部的腐败、分裂问题，导致军队丧失战斗力。

　　不仅是军队，任何一个团队都可能会存在类似的"蛀虫"现象，在企业中也同样如此。如果将诸葛亮的"九蠹"放在企业中一样会影响企业的发展，所以对于管理者来说，一定要做好防备，一旦内部出现类似的情况，就要坚决制止和纠正。如果企业想要生存下去，想要在竞争中保持优势，那么就要了解市场上的相关信息，尤其是竞争对手的信息，如果连对手的基本情况都不了解，甚至搜集到错误的信息，就可能会在竞争中做出错误的决策。管理者必须严格要求信息搜集者，确保信息的正确性与时效性，确保企业可以在第一时间做出最合理的判断和决策。

　　在企业中，有的人不服从管理者的指挥，不听从指令，胡乱行动，甚至犯上作乱，会导致企业陷入困境。服从和执行上级的命令，这是员工的基本义务，是职业素养的基本体现，也是企业将计划落到实处的前提，如果员工执行力不强，完全按照自己的意愿行事，那么企业的发展就会陷入低效、矛盾的状态。很多企业家都将"服从指令"当成铁律，任何违背这一原则的人，都可能会被公司视为"不忠诚""没有执行力"的表现。

而那些只顾私利而不顾集体利益的行为，那些造谣生事、以下犯上的行为，会严重扰乱内部稳定。因为私利而损害企业利益的人，往往会破坏企业的发展计划，做出危害企业发展的事情，这样的行为是任何一个管理者都不允许出现的。造谣则会破坏企业内部的稳定，公司的公信力以及威慑力都会受到影响。从企业发展的角度来说，这些不良行为会埋下隐患，管理者要尽量避免内部出现这类行为，在发现这类行为时要及时纠正。

诸葛亮在这里谈到的九种不良行为并不代表所有，企业中可能还会存在其他的"蠹虫"行为，重要的是管理者必须认真对待，确保企业可以在正常的轨道上前进。一般来说，想要避免一些具有破坏性的现象和行为，管理者需要明确和强化制度的约束性，确保能对那些不良行为产生足够的威慑。企业家或者管理者应该明令禁止公司出现类似于"九蠹"的破坏性行为，只要有人敢以身犯险，就必须严厉处罚和打击，确保所有相关行为可以得到及时有效的制止。

与此同时，管理者需要建立正确的企业文化，良好的企业文化是企业得以长久发展的关键，反过来说，当一家企业缺乏企业文化，或者存在不健康的企业文化时，企业的发展就会陷入恶性循环中，很难在经营管理上获得突破。正因为如此，管理者必须给企业注入合作文化、集体主义文化、执行文化、不造谣不传谣的文化，确保员工可以团结协作、遵守指令、端正工作态度、以集体利益为先，这样才能打造一支具有战斗力的协作型队伍。

另外，管理者要加强自我管理，端正自己的行为举止，在日常生活和工作中树立正确的榜样，所作所为必须符合公司的利益需求，必须遵守规则行事。如果管理者能够做好榜样，那么就可以对员工产生积极的引导作用，企业内部自然能够形成良好的风气；如果管理者自己作奸犯科，破坏内部稳定，那么员工可能也会上行下效，刻意制造混乱。

总的来说，管理者想要保证企业的正常运行，稳步前进，就要想办法消除不稳定因子，肃清对团队发展不利的不良现象，给团队发展创造更好的空间。

第二十篇

腹　心

夫为将者，必有腹心、耳目、爪牙①。无腹心者，如人夜行，无所措手足；无耳目者，如冥②然而居，不知运动；无爪牙者，如饥人食毒物，无不死矣。故善将者，必有博闻多智者为腹心，沉审谨密者为耳目，勇悍善敌者为爪牙。

注释

① 爪牙：得力帮手。
② 冥：昏暗。

译文

身为将领，应该有自己值得信任的左右亲信，应该有负责给自己侦察消息通风报信的耳目，也应该有坚决贯彻自己的命令并辅佐自己的忠实帮手。没有心腹之人，就好比人在黑夜中走路，不知该迈向何处；没有负责给自己通风报信的人，就好比盲人安静地生活在黑暗中，不知道该如何采取行动；没有得力的帮手负责冲锋陷阵，就好比一个人饥不择食，吃了有毒的食物，终将中毒身亡。所以，明智的将领，一定要选择那些学识渊博、足智多谋的人做自己的心腹，选择那些机智聪明、谨慎保密、有很强判断力的人做自己的耳目，选择那些勇敢善斗的士兵做自己的爪牙。

从团队协同作战的角度来说，任何一个管理者都不是孤立存在的，他在团队内部需要帮手，而且是绝对忠于自己的帮手，彼此之间能够建立良好的工作默契，比如，管理者虽然负责制订发展战略，负责制订各种政策和指令，但是让战略、政策和指令得到落实，还需要忠诚度很高的执行者来帮他们实现计划和理想。管理者也不可能处理所有的事情，管理者没有时间处理或者自己无法处理的工作，完全可以交给其他值得信赖的人去完成，这些人必须忠诚、聪明、具有自主判断能力，管理者可以放心授权。

依据工作模式的不同，管理者需要寻找不同的帮手。诸葛亮认为，一个优秀的将领应该打造属于自己的核心团队，在这个团队中，所有的成员都是心腹，他们必须足够忠诚，可以完全遵照自己的意思和指令行事。在整个核心团队中应具备三种帮手。

第一种是信息搜集者。考虑到将领的工作量太大，不可能花费大量时间搜集信息，此时，就需要有忠诚的人充当耳目，打探各种信息，并负责整理，从而为将领做出决策提供必要的帮助。

第二种是执行者。他们负责将管理者的想法付诸实践，将管理者的计划和政策落实到现实工作中，执行者往往像先锋兵一样勇猛善战，负责为将领冲锋陷阵，打败各种对手和敌人。这样一来，将领就可以将全部的精力放在自己的工作上，从而实现合理的分工。更重要的是，这些执行者足够忠诚，而且非常了解将领的想法，他们知道将领想要达到什么效果，并且作战斗志很高，在战场上总是全力以赴，可以非常完美地执行任务。

第三种是谋士。即给将领出谋划策的人，他们通常学识渊博、足智多谋，每天的基本工作就是帮助将领分析形势，提供各种策略和方法，提升军队的作战效率并努力实现作战目标。

无论是哪一种类型的部下，他们都具备心腹的一些基本特征：聪明、谨慎、保密性强、有出色的判断力、拥有一定的自主权、忠诚、勇敢。将领完全可以放心地将工作交给他们，将其作为工作中的得力辅助，帮助自己建立功业。诸葛亮谈到的心腹，在企业管理中同样不可或缺，企业虽然是一个大团队，但是为了方便管理，管理者也需要成立一个更加方便管理的核心小团队，在这个核心小团队中，所有成员直接对管理者负责。他们负责不同类型的工作，有的负责出谋划策，协助管理者制订各项政策、设计各种经营管理的策略；有的负责执行任务，尤其是面对竞争对手时，他们可以展示出强大的竞争意愿和实力，帮助管理者解决棘手的问题。团队中的所有人都围绕着管理者来展开工作，直接对管理者负责。

此外，在企业这个大团队中又分为很多小团队，不同的部门、同一部门内的不同项目组、同一项目中的不同工作组等都属于小团队。而不同的小团队之间不仅存在竞争关系，还可能存在一些冲突，因此，在管理自己的小团队时，管理者一定要确保团队之间的私密性，需要适度考虑本团队的利益，团队内的其他心腹成员可以帮助管理者实现自己的工作目标。

管理者在管理小团队时，首先，要懂得挖掘人才。在选拔和考核心腹时，需要制订更为严格的人才选拔标准，所有的心腹必须具备很高的忠诚度和很强的执行力，他们的聪明才智、工作态度、工作能力、职业素养都必须经得起考验，能力出众但忠诚度不足的人绝对不能用，忠诚度足够但能力很差的人也不能录用，管理者需要选择真正适合自己的员工。

其次，要进行充分授权。授予心腹一定的权限，使他们在某些特定场合可以自己做出决定，帮助管理者解决一些麻烦。如果管理者牢牢抓住所有的权力不放，会降低心腹的工作效率，而且由于自主权受限，心腹的工作意愿会变得越来越弱，这会影响他们的工作效率和忠诚度。

最后，给予一定的物质奖励和精神奖励。管理者要通过各种激励措施来团结他们，提升他们的忠诚度，同时强化他们的执行意识。很多管理者不注重激励，导致心腹负气离开，对团队的发展造成了威胁，这是管理者需要重点掌握的一种驾驭员工的方法。

需要注意的是，寻找心腹，成立心腹团队，并不是为了搞小团体主义或山头主义，整个心腹团队虽然直接对管理者本人负责，但他们的工作始终都必须坚持以集体利益为主，以公司的发展为主，他们围绕管理者转动的同时，并不是围绕管理者的私利在行动，而是想办法在坚持不违背企业利益发展目标的前提下，为管理者排忧解难。

谨 候

　　夫败军丧师，未有不因轻敌而致祸者。故师出以律^①，失律则凶。律有十五焉，一曰虑，间谍^②明也；二曰诘，谇候^③谨也；三曰勇，敌众不挠^④也；四曰廉，见利思义也；五曰平，赏罚均也；六曰忍，善含耻也；七曰宽，能容众也；八曰信，重然诺也；九曰敬，礼贤能也；十曰明，不纳谗也；十一曰谨，不违礼也；十二曰仁，善养士卒也；十三曰忠，以身殉国也；十四曰分，知止足也；十五曰谋，自料知他也。

注释

① 律：遵守规则。

② 间谍：刺探敌情。

③ 谇候：讯问。

④ 挠：屈服、害怕。

译文

　　凡是将领领兵出师不利，损兵折将的灾难，都是因为轻视敌军而产生的后果，因此，军队在出师时要严格法律、法令，按战争规律行事，否则仍会招致灭亡。这些应该注意的问题有十五项：一是思虑周全，要仔细地考虑、谋划，探明敌人的所有情况；二是推理严明，盘问、追查，搜集敌人的情报，判断情报的真假时要反复斟酌；三是英勇顽强，敌人阵势威武时不退却；四是廉洁奉公，面对利益诱惑时，坚守初心，以义为重；五是公正无私，赏罚分明，一视同仁；六是忍辱负重，遭受侮辱时能够忍耐；七是宽厚待人，能包容他人；八是诚实守信，坚决遵守诺言；九是态度恭敬，对有才德的人以礼相待；十是明辨是非，不听信谗言，洞察真伪；十一是严谨慎重，照章办事，不违背礼法；十二是待人仁爱，带兵时做到爱兵如子，无微不至地关心、体贴下级官兵；十三是忠诚报国，为了捍卫国家的利益，赴汤蹈火，在所不辞；十四是把握分寸，做事情适可而止，量力而行；十五是运筹帷幄，排兵布阵时善用谋略，做到知己知彼。

解　读

　　军人打仗，胜败乃兵家常事，世界上不存在所谓的常胜将军，也没有一直吃败仗的将军，但是一个将军、一支军队如果有轻敌的想法，那么往往会导致军队面临灭顶之灾。正因为如此，诸葛亮认为将领必须改变军队内部轻敌的思想，必须让所有士兵保持警惕性，并且严格按照军事指令行事，不要做违背规律的事情，不要轻视敌人，以免在战场上做出错误的判断和行为。

　　在《谨候》篇中，诸葛亮谈到了避免轻敌的注意事项：针对敌人做出周详的考虑、搜集并判断情报的真假、不怯敌、保持清廉作风、赏罚严明、待人宽厚、忍辱负重、敬重人才、明辨是非、严格遵守规则和礼法、爱护士兵、爱国、做事把握分寸、善用谋略。轻敌的人可能不注重信息的搜集，不了解自己的对手；轻敌的人可能会认为获胜是意料之中的事情，因此不注重整顿军队，不能很好地管理队伍，也无法保护和重用有能力的人；轻敌的人往往冲动行事，罔顾命令，并且会选择硬碰硬。诸葛亮谈到了十五个注意事项，这些注意事项本质上有助于提升军队的作战素养，保持更加严谨、更加稳重的作战态度。

轻敌是竞争场合上的一个大忌，无论是战场、商场，还是其他场合，都要重点关注轻敌的危害性。一个轻敌的人往往会表现得目中无人，对于局势的分析、对于敌我实力的分析都缺乏兴趣，凡事只按照主观判断，缺乏理性思维，他们很容易做出一些不合理的举动。为了确保团队不会草率行事，落入竞争对手的陷阱之中，管理者需要打造一支更加理性、更加低调的队伍，无论是管理者本人还是团队成员，都要端正工作态度，认真面对复杂的竞争环境，认真对待自己的竞争对手，在工作的方方面面都要做到自我约束，不轻易放松警惕，不轻易陷入"自以为是"的状态之中。

阿里巴巴的创始人马云说过，每一个创业者都要对市场心存敬畏，因为没有任何人可以准确地猜到将来会发生什么，也没有任何人可以自信地说自己能够掌控一切。想要获得成功，就要心存敬畏，对市场、对对手、对那些未知的事情都心存敬畏，这样才能够确保自己不会盲目采取行动。华为创始人任正非也多次呼吁华为要保持低调和冷静，不要有轻敌的思想，不要总是想着如何在市场上成为第一或者第二，而要考虑生存问题，企业必须时刻提防"寒冬"的到来。

很多企业家都强调了自信的作用，但自信并不代表可以轻敌，并不代表企业可以在市场竞争中肆意妄为、目空一切。大企业在面对竞争时，必须认真评估每一个对手的实力，必须在战略上藐视敌人，在战术上重视敌人，这样才可以在保持自信的前提下，确保团队不会冲动行事，能够严格遵照规则和指令行事。至于小企业，在面对竞争时，不要总是想着如何打赢对手取得胜利，而应该先想一想自己能不能在激烈的竞争环境中生存下来。

对于管理者来说，想要让企业在竞争中保持平稳，在竞争中保持良好的态势，就要学会降低姿态，保持理性，无论对外还是对内，都要保持理性，尊重对手，尊重人才，尊重规则和指令，尽量做好充分的准备，以最佳的状态面对竞争对手。

第二十二篇

机 形

夫以愚克智，逆也；以智克愚，顺①也；以智克智，机②也。其道有三：一曰事，二曰势，三曰情。事机作而不能应，非智也；势机动而不能制，非贤也；情机发而不能行，非勇也。善将者，必因机而立胜。

注释

① 顺：合乎常理。

② 机：把握时机。

译文

愚笨的人能够战胜聪明的人，这是违反常理的偶然事件；聪明的人能够战胜愚笨的人，则是合乎常理的必然事件；聪明的人想要战胜另外一个聪明的人，就全看掌握的战机如何了。而掌握战机的关键要素有三个：一是事件，二是形势，三是场景，当事情已经发生，却不能做出相应的反应，不能算是聪明的表现；当形势发生变化，却不能及时拿出克敌制胜的办法，这是不够贤明的表现；整个态势已经很明确，却不能断然采取行动，这是不够勇敢的表现。所以，善于指挥军队的将领，一定会根据情况的变化，掌握合适的时机来取得胜利。

诸葛亮认为，人们为人处世应该遵循相应的规则，应该按照既定的法则来行事。在他看来，愚笨的人之所以能够战胜聪明的人，往往需要一些运气，有很大的偶然成分。聪明的人战胜愚笨的人则是必然会发生的事情，而聪明人想要打败同样聪明的人，就要依靠对时机的精准把握，把握时机也是遵循规则的一种方式。

在面对势均力敌的对手时，竞争者不能完全依靠实力硬碰硬，因为两者的能力差不多，获胜的机会也差不多，这个时候，谁也无法轻松战胜另一方，弄不好就会陷入胶着状态，甚至两败俱伤。正因为如此，竞争者需要想办法从时机入手，谁先把握住时机，谁就可以在竞争中占据更大的优势。为了把握时机，诸葛亮还提出了三个要素：第一个是具体的事件的变化，第二个是形势的变化，第三个是具体的场景和情况。事件发生后能否快速反应，可以看出这个人是否聪明；能否把握形势的变化，可以看出这个人是否贤明；能否根据具体场景和情况的发生采取行动，可以看出这个人是否勇敢。

诸葛亮谈到的时机，以及对时机的把握，更多地在于提醒将领要在战争中观察战场局势的变化，努力挖掘和把握机会，选择在最佳的时机出手，从而一举击溃敌人。对于时机的重视和把握是一个军事将领必备的素养，也是一个管理者获得成功的关键。

比如，很多企业为了获得更多的关注，在市场上扩大自己的影响力，伺机推出新产品，但推出新产品的时机很重要，因为竞争对手可能也在打造新的产品，在竞争过程中，企业需要合理评估新品推向市场的影响力。假设 A、B 两个公司同时研发新产品，两家公司可能都会提前在市场上宣传造势，为自己推出的新产品预热。其中 A 公司可能会趁着 B 公司大肆宣传时，提前推出自己的产品。B 公司宣传自家的产品 20 日开始销售，那么 A 公司可能会选择提前一天，在 19 日推出新产品，抢占关注度。这就是抢占时机的一种策略。

又比如，C、D两家公司都准备投资某一个新兴行业，由于该行业成熟度不高，处于初级发展阶段，市场也并不规范，投资的成本和风险都比较大。这个时候，C公司可能会犹豫不决，认为当前的发展环境和配套设施都不完善，企业处于摸着石头过河的状态，弄不好就会成为行业发展的小白鼠。而D公司认为现在进入市场的时机刚好合适，因为政府对这个新行业的补贴力度很大，行业中也还没有出现一个具有垄断能力的"巨无霸"，这样的环境最适合生存。等到行业慢慢成熟，国家的补贴和支持力度下降，行业中又开始孵化出很多"巨无霸"公司后，再想进入市场就会变得越来越困难。结果过了五年，这个新兴行业发展迅猛，D公司的投资获得了丰厚的回报，而且还成为行业中不可忽视的一股力量。而由于犹豫不决，C公司错过了这个机会，等它再次进入市场时，市场基本上已经被几家大公司垄断了，并没有太大的发展空间。

对于时机的把握往往决定了一家企业的发展，尤其是在一些关键事件上，如果企业家和管理者拥有更敏锐的感知能力、更出色的判断能力、更坚决的执行能力，那么就可以有效把握商机，推动企业的发展。反之，企业将会彻底失去机会，并被其他对手无情打压。正因为如此，企业家以及企业内部的相关管理者，需要保持清醒的头脑，提升自己的市场感知能力和市场把握能力，当机会出现时，不要犹豫，立即采取行动。

诸葛亮提出的把握时机的三大要素：事、势、情，其实还有一个前提，这个前提就是准备工作。都说机会是留给有准备的人的，管理者想要在商场、战场、职场上获得竞争优势，就一定要把握时机，而要把握时机就离不开充足的准备。首先，一个人如果不擅长做准备，那么也就很难挖掘和发现机会，因为他缺乏对时机的挖掘能力。其次，一个人如果不擅长做准备，那么当时机到来的时候，他很难有把握住机会的能力，也没有足够的资源利用好这样的时机。正因为如此，人们如果想要把握住时机，就要提前做好各种准备，包括提升自己的竞争力，尤其是核心竞争力，然后想办法提升自己的时机把握能力，包括突发事件的应变能力、局势的判断能力，以及果断执行的信心和决心。

第二十三篇

重　刑

吴起曰：鼓鼙金铎①，所以威②耳，旌帜，所以威目，禁令刑罚，所以威心。耳威以声，不可不清；目威以容，不可不明；心威以刑，不可不严。三者不立，士可怠也。故曰，将之所麾，莫不心移；将之所指，莫不前死矣。

注释

① 鼓鼙金铎：二者均为乐器。
② 威：威慑。

译文

吴起说：军队中敲击鼙鼓、金铎的目的，是用来指挥军队的听觉号令，在于引起士兵听觉方面的注意力；挥舞旌帜，是指挥军队的视觉号令，在于集中士兵在视觉方面的注意力；制订各项法规、禁令及刑罚的目的在于管理士兵，节制士兵的行动，约束全军法纪。在军队中，想要用声音引起士兵的注意，让他们听从指挥，发声的器具必须音质清脆、洪亮；想要在视觉上引起士兵的注意，并指挥士兵作战，旌帜的颜色要鲜明、醒目；想要约束士兵的行动，制订的刑罚、禁令必须公正、严明。如果做不到上述三点，军容就会紊乱，士兵也会懈怠。所以说，指挥部队时，将领的旌帜在哪里挥舞摇动，部下就会朝着那个方向英勇前进，只要将领指向一个地方，所有的士兵就会拼死往那个地方冲锋。

古人带兵打仗时，由于信息技术不发达，一直以传统的沟通方式来指挥部队作战，比如，在列好阵势发兵之前，军队的将领会让人以击鼓的方式鼓舞士气，并且传递进攻的信号。不仅如此，将领还会安排人挥舞旗帜，指挥部队列好作战队形，让部队从不同方向行进，指引部队向不同的目标发起进攻。战鼓和战旗可以指挥士兵的行动和方向，但是无法对士兵的具体行为产生影响，比如，士兵可能会消极作战，可能会在战场上当逃兵，又或者不愿意配合，这些都会影响作战的效率。为了让士兵拿出更加积极的表现，让士兵能够按照指令作战、执行上级的命令，就需要通过制度来约束和规范他们的行为。对于那些违背指令，或者破坏规则的士兵，要给予相应的惩罚，从而约束和引导士兵遵纪守法。

很多军队之所以没有作战能力，并不是因为士兵身体羸弱，也不是因为武器装备太差，而是因为军队的管理太差，军容军纪非常不规范，士兵完全处于懒散和不听指令的状态，将领根本没有办法将他们拧成一股合力，无法引导他们发挥出强大的战斗力。因此，将领要加强战斗培训，强化内部的纪律，利用各种指挥工具和制度来规范士兵的行为。

在企业管理体系中，同样存在类似的困扰，很多企业都会招聘一些高学历人才，尽可能打造一支高素质的团队，可是当这些出色的员工组成作战小队时，反而无法产生令人惊喜的化学效应，团队的作战效率非常低，员工根本无法发挥出原有的价值。主要的原因就在于管理不到位，员工无法明确奋斗的方向和目标，员工之间缺乏有效的配合，大家很难在同一个方向上发力。不仅如此，员工可能自视甚高，认为自己能力出众，完全没有必要听从他人的指令做事，导致管理完全失序，整个团队的工作效率直线下降，企业也无法实现预期的发展目标。

企业需要发展，就需要一支有竞争力的队伍，而这样的一支队伍，必须拥有良好的形象，有斗志、有气势、有理想、有目标，工作劲头十足，愿意在工作中竭尽全力，能够服从领导的指挥。而想要更好地引导员工在正确的方向和轨道上奋斗，就要加强内部的管理，通过一些有效的管理手段来加强对员工的控制，约束他们的行动，规范他们的行为。

首先，管理者一定要树立绝对的权威，要让所有的员工都认同并接受这种权威，这样一来，管理者就可以在工作中发号施令，给员工安排不同的工作。

其次，管理者要制订严格的制度和规则，做到赏罚分明，对于那些违背指令、违反规则的人，一定要给予严厉的处罚，从而起到震慑的作用，这样一来，其他员工就不会轻易罔顾指令甚至违背指令。如果一个企业制度不明确，不具备约束力，或者制度缺失，那么员工就可能会恣意妄为，团队的管理也就失去意义。一个有竞争力的企业，必定会在制度上产生强大的约束力和规范能力。

最后，管理者应深入了解员工的工作和生活，主动接近员工，双方可以建立起更加紧密的关系，彼此之间建立更大的信任。通用汽车副总裁马克·赫根对管理者有过这样一番独特的描述："记住，是人使事情发生，世界上最好的计划，如果没有人去执行，那它就没有任何意义。我努力让最聪明、最有创造性的人在我周围。我的目标是永远为那些最优秀、最有天才的人创造他们想要的工作环境。如果你尊敬他们并且永远遵守你的诺言，你将会是一个管理者，不管你在公司的位置是高还是低。"

马克·赫根认为一个好的管理者应该为员工创造良好的工作环境，尊重员工，处理好与员工之间的关系，从而引导员工心甘情愿地为企业的目标努力。

第二十四篇

善 将

古之善将者有四，示之以进退，故人知禁^①；诱之以仁义，故人知礼；重之以是非，故人知劝；决之以赏罚，故人知信。禁、礼、劝、信，师之大经也，未有纲^②直而目^③不舒也。故能战必胜，攻必取。庸将不然，退则不能止，进则不能禁，故与军同亡；无劝戒则赏罚失度，人不知信，而贤良退伏^④，谄顽^⑤登用^⑥，是以战必败散也。

注释

① 禁：禁止的、不该做的。
② 纲：渔网上用于提网的总绳。
③ 目：渔网的网眼。
④ 退伏：退缩隐藏。
⑤ 顽：凶恶的人。
⑥ 登用：进用，选拔任用。

译文

古代那些善于领兵打仗的将领往往遵循四条法则：指示部下前进或者后退，让部下知道什么事是不应该做的；用仁义的思想教育部下，使士兵知道什么是礼仪；告诉部下什么是是非对错，使士兵能互相勉励上进；做事的时候赏罚分明，使士兵知道什么是信用。禁、礼、劝、信是部队中的重要规范和根本法则，如果彻底做到了这四点，就好像提网的总绳被拉直了一样，渔网的网眼自然也就舒展开来。也就是说，根本法则一旦得到确立，具体的事项也就变得清晰明确。军队就能逢战必胜，攻伐必有所得。那些平庸无能的将领则恰恰相反，下令撤退时，士兵抱头鼠窜，他们不能及时阻止；下令进攻时，没有任何有效节制和制约，全军往往也就难逃灭亡的下场；将领如果不能及时对士兵进行劝诫和激励，那么赏罚就会失去一个固定的标准，此时，部下也就不知道什么是忠信，贤德之人也会受到压制，而小人却飞黄腾达，这样一来，军队在打仗时必定溃不成军，遭受失败。

解　读

在管理团队时，很多管理者都会设定各种培训模式，帮助员工成长，但实际上，管理者本身就是最好的导师，管理者的一言一行会影响员工的行为和想法。诸葛亮在《善将》篇中讲述的就是将领的榜样作用，他认为一个善于带兵打仗的将军，会注重对部下的教诲，他们会利用自己的工作表现来教导员工，给员工树立良好的榜样。诸葛亮提到了四个基本的行事准则。

通过指挥员工进攻和后退，部下了解了什么事情是该做的，什么事情不能去做，这是培养员工辨别危机的能力；通过灌输仁义的思想，部下了解了一些基本的礼仪，避免成为一个不懂礼仪、不讲道理的莽夫，这是培养和提升员工的道德修养；通过是非对错的教育，部下具备了基本的判断和辨别能力，同时可以做到相互勉励，相互提升，这是培养员工明辨是非的能力；通过严格而公平的赏罚措施，部下意识到了将领是守信用的，能够保证说到做到，这是培养员工信守承诺的品德。

这四个基本准则在诸葛亮看来就是为人处世的总纲，只要把握了这几个准则，士兵在做事的时候目标明确、行动顺畅，对各项工作的展开也会变得顺畅和自然，军队的作战能力也会不断提升。反过来说，如果将领非常平庸，不懂得合理指挥，不懂得教育部下礼仪知识，不能传授他们明辨是非的道理，也不能做到赏罚分明，取信于人，部下对于军队的忠诚度就会受到影响，军队内部就会出现越来越多的小人，最终导致军队作战能力下降。

从企业管理的角度出发，诸葛亮的思想就是要求管理者为员工树立一个良好的榜样，在传授工作技能的同时注重员工的思想品德教育，让他们更深刻地理解一个优秀的员工究竟应该具备什么样的素养，应该如何在团队中扮演一个合格的角色。管理者对员工的影响是最直接的，管理者的素养直接决定了员工的素养，因此，管理者在教育员工的同时，更需要以身作则，严格约束和规范自己的行为，确保自己的一些不当行为不会影响到员工的价值观或行为。管理者的以身作则可以从愿景（在工作中设立美好的愿景，让员工也对团队发展的未来产生期待）、自律（坚决改正自己的一些小毛病、小缺点，严格约束自己不要做不合理、不正确的事情，让员工也养成自我克制的良好习惯）、热情（在工作中积极投入，让员工感受到自己的拼搏精神和工作的快乐）、良知（通过自己的一言一行影响员工的道德品质）等四个方面入手。

百度总裁李彦宏曾发现公司里有很多员工追求情调，工作不踏实、不认真、不努力，只想着如何享受生活，如何舒适地工作，没有上进心，于是直接将这些员工当成"小资"，并提出了"淘汰小资"的观点："什么是小资，我的定义是有良好背景，英语流利，收入稳定，信奉工作只是人生的一部分，不思进取，追求个人生活的舒适才是全部。尤其争议比较大的是第一句话，有良好背景，英语流利，他们说 Robin 你不就是这样的人吗，我说正好因为我是这样的人我才敢说要淘汰这种人。"正因为敢于反省自我，敢于否定自我，并在工作中以身作则，李彦宏赢得了更多员工的敬重，百度公司内部也很快掀起了自我反省、"淘汰小资"的风潮，员工的工作态度得以端正。

想要成为一个优秀的管理者，必须善于总结自己的工作，能够积极主动地向员工传递正确的价值观，能够帮助员工培养正确的工作理念，确保整个团队保持良好的工作风气。只有这样，团队才会变得更加强大、更具凝聚力。

第二十五篇

审 因

夫因人之势以伐恶，则黄帝^①不能与争威矣。因人之力以决胜，则汤、武^②不能与争功矣。若能审因而加之威胜，则万夫之雄将可图，四海之英豪受制矣。

注释

① 黄帝：中国的"人文初祖"，五帝之首。
② 汤、武：商汤（商朝第一代君王）、周武王（西周的开国君主）。

译文

如果能顺应百姓的心愿来征伐邪恶势力，就是黄帝再世也不能与这样的行为相比。如果能借助百姓的力量，群策群力获得战争的胜利，那么就是商汤、周武王也不能达到这样的功劳。因此，如果将领可以做到审时度势，以德威服人，那么万人敌的英雄都会臣服于这样的将领之下，四海之内的各方豪杰也会甘心受到他的控制。

解　读

　　管理是对人的管理，目的是引导和控制人的行为，使他们的行为趋于一致，并始终围绕着团队的目标展开。对人的管理就是一种资源的有效利用和配置，管理者需要激发出每一个人的作用和价值，确保所有的人都可以成为团队前进的助力和动力。不过在推动团队内部每个人的行动时，往往包含了两个方面：一是团队成员被动执行指令，管理者怎么说，他们就怎么做，所有的行动都是遵照指示进行的，属于被动执行者，相关行为完全是被权力推动的。二是团队成员主动执行指令，大家都心甘情愿地为实现团队目标而努力，大家都有强烈的工作意愿，在内心深处支持管理者的工作，并主动围绕管理者展开所有的工作。

　　相比之下，更加有效的管理方式应该是激发团队成员主动付出、主动奋斗的意愿，而想要达到这样的结果，就要在管理工作中强调对团队成员利益的保护，强调对他们的尊重和关怀，管理者不能只停留在让所有人完成工作任务，实现团队目标的层次上，还需要兼顾人性化的管理以及对成员相关利益的保护，将团队利益与个体利益结合起来，确保所有的行动都可以顺应民心。与此同时，管理者要放下过去那种传统的对权力管控的方法，不要总想着如何通过展示权力强制要求大家工作，而应注重通过展示德行与个人魅力影响大家、引导大家，吸引更多的人为团队事业而奋斗。

　　在古代，当一个国家发动一场战争时，可能会以君主的名义动员国内所有的战力和资源，在征兵、征粮的过程中，也许会使用一些强制手段，强制要求百姓必须提供相应的作战人员和军事物资。这一类制度很容易引起百姓的反感，大家会在高压政策下产生抵触情绪，甚至引发叛乱。相比之下，聪明的君主更加懂得笼络人心，将民心当成战争的绝佳旗号，这样就可以有效提升君主的威望，同时获得更大的助力。

　　诸葛亮说，一个聪明的君主在讨伐邪恶势力（敌人）的时候，会顺应百姓的心愿，换言之，他们会将百姓的心愿与自己的作战目标结合起来，从而在军事行动中获得百姓的支持，而百姓的力量将会极大地提升军队的实力，帮助军队创下不世之功，甚至比商汤和周武王这样的明君开创的功绩还要大。那么该如何顺应民心呢？诸葛亮认为，君主要做的就是审时度势，了解百姓的需求，然后打着满足百姓需求的旗号发动正义的战争，推行仁德的政策笼络人心，吸引更多的力量前来投奔自己。

在其他管理场景中，管理者同样需要采用这样的方式来强化团队管理，管理者不要总是想当然地运用手中的权力解决问题，不要总是将员工当成可以随意支配的资源，不要将员工完全当成一个执行工具来看待，而要懂得激发员工内在的工作意愿，团结更多的力量为自己所用。思维的改变就必定要求具体的管理行为做出改变，管理者需要在日常的管理中善待员工，强化激励机制，将企业发展目标的实现与员工的成长目标、现实利益挂钩，迎合员工的现实需求，从而确保员工的奋斗方向与企业发展的方向保持一致。除了激励，还要注重日常的关怀，做到以人为本，实行人性化的管理模式，让员工感受到管理者的关怀，感受到公司内部的温度，这样他们才会产生更强烈的归属感，也才会在工作中尽心竭力。

在当今社会，越来越多的企业意识到引导员工主动工作的重要性，企业家在管理员工时虽然也会强调自己的权威，但是更多地增加了激励性的措施，他们不再将员工当成工具人，而是当成可以团结的力量。他们尽管也会发号施令，但他们更愿意转变策略，让员工感受到被尊重、被重视的滋味。比如，管理者会给予员工更大的自主权，会在日常工作中包容员工，给予员工更多的奖励，给予员工更多参与决策的机会，关心员工的工作和生活，想办法帮助员工实现个人的发展目标，为员工提供更好、更多的发展平台和施展的空间。

不可忽视的是，越来越多的企业家正变得越来越有人情味，他们愈加懂得如何更高效地把握手里的人力资源，以及如何发挥出员工的最大价值。换句话说，他们更加擅长人性化管理，更加擅长把握人心。

第二十六篇

兵 势

夫行兵之势有三焉，一曰天，二曰地，三曰人。天势者，日月清明，五星①合度，慧孛②不殃③，风气调和。地势者，城峻重崖，洪波千里，石门幽洞，羊肠曲沃。人势者，主圣将贤，三军由礼，士卒用命，粮甲坚备。善将者，因天之时，就地之势，依人之利，则所向者无敌，所击者万全矣。

注释

① 五星：金星、木星、水星、火星、土星。
② 慧孛：彗星。
③ 殃：灾祸。

译文

但凡将领领兵出征，一定要注意三种情势：天时、地利、人和。所谓天时，即日月天光清澈、明亮，金、木、水、火、土五大行星运行正常，彗星流逝没有大凶之兆，气候协调温和。所谓地利，即城墙高垒于险峻的地势之上，有深沟、大河做天然屏障，一望无际，石门山洞，深不可测，羊肠小路曲折迂回。所谓人和，即君主圣明，将领贤达，三军上下守礼守法，整齐统一，临阵对敌都能奋勇作战，粮饷充足，武器坚利。卓越超群的将领如果能凭借天时，就地利，依人和，就可以所向无敌，获得胜利。

解　读

　　古人带兵打仗，往往会深究影响作战效率和胜败的各种要素，尤其是经验丰富的优秀将领，会将影响战争的各种要素罗列出来，认真地思考和规划，然后针对性地制订合理的作战方案。而相关的影响因素其实有很多，其中人、物资、时机、天气、时代背景、地理位置等都是非常重要的因素，但基本上可以归结为三大要素：天时、地利、人和。

　　天时、地利、人和三大要素，几乎是所有战争都必须考虑的因素。不同的战争侧重的要素不同，诸葛亮草船借箭主要靠的是天时（大雾和风向），他被刘备三顾茅庐请出山，也是因为天时（三国鼎立的时机出现）。兴修长城阻击外族入侵，主要靠的是地利，秦军打败七国，主要靠的是人和，所有的士兵同仇敌忾，保持一致的目标，他们拥有最强的战斗力和战斗意志。因此，想要在战争中获胜，就要重视天时、地利、人和三大要素的作用。《孙膑兵法·月战》中提道："天时、地利、人和，三者不得，虽胜有殃。"

　　从战争中延伸关于天时、地利、人和的说法，具有更广阔的用途，从某种意义上来说，天时、地利、人和就是传统文化中的一种成功学理论，古人很早就说过："有天者贵，有地者富，有人者寿。"天时就是指时代背景、自然气候，或者外部环境，顺应天时的人往往掌握了大环境的优势，不过仅仅把握天时往往是不够的，因为人们还需要考虑具体的场景，需要对相关事件发生的地理环境进行分析，寻找地理上的优势，如果地理环境不佳，那么人们将难以顺利实施相应的计划。而人和同样不可或缺，它往往是三大要素中最核心的因素，如果做不到人和，那么就难以组织更多的人力资源来实现自己的目标。

　　在现代社会中，天时、地利、人和的理论依然适用，在官场、商场、职场上都存在类似的现象。比如，某人打算去 A 地卖产品，首先要考虑天时，A 地的气候如何，是否适合使用自家的产品；A 地的政策如何，市场有没有相应的保护政策和激励政策。其次考虑地利，A 地的交通如何，产品的运输是否便利，是否可以做到快速出货，新修的高铁是否开通了，人流量会不会快速增加。最后还需要考虑人和，A 地的材料供应商和产品经销商是否忠诚，彼此之间是否建立了紧密的合作联系，而当地的竞争者又是否会采取包容的姿态。

又比如，某人想要承包一大片土地种植中草药，那么应该先要考虑天时，找一个气候适宜的地方种植相关的中草药，毕竟如果气候不适宜，即便再努力，也难以获得成功。然后再考虑地利，中草药是种植在山上、丘陵地带，还是平原地带，种植者需要提前进行调研，针对性地选址，还要考虑交通状况。最后考虑人和，中草药的种植离不开帮手，如果当地没有便宜的劳动力，那么种植难度就会增加。另外，如果种植者和当地的药材收购商没能处理好关系，那么中草药的出售也会面临很多问题。

天时、地利、人和更像是一个万能管理公式，在大多数场景中，都可以将这三个要素作为考量和评估的标准，只要不符合三个要素中的其中一项，想要获得成功就会变得非常困难。

需要注意的是，考虑到事情成功的限制因素以及各大因素的价值都不同，人们往往会将人和放在最重要的位置，毕竟人才是解决问题的主体。其次是地利，因为事情的发生往往受到相关场地的直接影响，地理限制因素往往也是不可忽略的。最后才是天时，它对于人们生产、生活活动的影响力相对而言是最弱的。正因为如此，孟子说：天时不如地利，地利不如人和。尽管如此，在多数时候，三者缺一不可，人们需要严格遵守这三个要素来合理规划自己的生活和工作。

第二十七篇

胜 败

　　贤才居上，不肖^①居下，三军悦乐^②，士卒畏服。相议以勇斗，相望以威武，相劝以刑赏，此必胜之征也。士卒惰慢，三军数惊，下无礼信，人不畏法，相恐以敌，相语以利，相嘱以祸福，相惑以妖言，此必败之征也。

注释

① 不肖：没有能力、没有品行。
② 悦乐：关系和睦。

译文

　　军队出师必胜的条件是：让真正有才德的人担任重要职务，而平庸无德的人被贬斥到最低位置效力；军队内部团结一心，关系和睦，士兵听从指挥；将士之间谈论最多的是如何奋勇杀敌，相互比较的是如何做到威武不屈，相互劝勉的内容是如何建功立业。军队注定失败的征兆是：士兵懒惰散漫，不遵守军纪，全军将士非常害怕对敌作战，士兵不讲信义，目无法纪，提到敌人时就胆怯逃避，说起利益就眉飞色舞，相互嘀咕的则是如何趋利避害，用各种流言蜚语蛊惑人心，导致军心涣散。

在谈到工作的时候，许多管理者往往更加看重团队内部的工作能力，员工的技能水平如何，员工是否来自名牌大学，员工是否有丰富的工作经验，而容易忽略团队内部的工作氛围。管理者有时并不关心员工在什么样的环境中工作，不关心他们在什么状态下工作。他们可能更加看重员工个人的工作能力，而没有想过他们合成一个整体时的工作能力和工作效率如何。

但工作环境和工作氛围往往对团队的发展有着重要的影响。诸葛亮在谈到治军的时候，特意在《胜败》篇中提及军队的氛围，在他看来，一支军队的作战能力，往往和军队的形象、军队的氛围有关。有的军队内部拥有良好的军容、军纪，整个军队的状态非常好，生活环境、作战环境都让人满意，内部公平、公正，大家团结一心，士兵们每天谈论的都是如何获胜，如何建功立业，大家相互鼓励、相互帮助、相互竞争，努力发挥自己的作用，实现自我价值，以至于谈到敌人时，都会流露出建功立业的迫切心情。不仅如此，士兵们还拥有绝对的自律意识，自觉遵守纪律，勤奋操练，对自己充满信心。

反过来，那些内部腐败、小人当道、目无法纪、不团结、不和睦的军队中，士兵们每天都在钩心斗角，都忙着趋利避害，忙着相互制造谣言，一旦谈及敌人，都会面露怯色，完全没有一个士兵应该有的样子。在这种环境和氛围中成长起来的士兵，根本不具备作战能力，上了战场，他们可能会迅速被敌人消灭，或者就直接溃败逃跑。

诸葛亮认为氛围很重要，即士兵该有士兵的样子：遵纪守法、团结合作、自信勇敢、威武不屈。在企业中也是如此，一个企业是否具有竞争力，是否拥有良好的未来，不要总是看它的发展规模，不要总是看它拥有多少从名牌大学毕业的员工，也不要看它的资源有多少，而是要重点了解企业的工作氛围好不好，员工平时的工作状态积极不积极，员工是如何看待自己的工作的，员工之间是如何交流和相处的，内部的工作环境是否合理，员工的诉求是否能够得到满足，内部是否公平、团结，员工是否对自己的工作充满了期待。

一个优秀的企业不仅在于它现有的规模和市场地位，更多地在于它具备的活力，以及展示出的鲜活的生命力。如果一家企业死气沉沉，内部充斥着腐朽、滞后的气息，整个团队缺乏竞争意识，缺乏良性的管理，那么企业很快就会陷入困境。对优秀的企业进行分析就会发现，它们都充满了活力，活力越高的企业，发展空间越大，而那些看起来规模很大的企业，反而因为缺乏灵活性与活力，产生了很多"企业病"，成了难以转身的"大象"，很容易被市场淘汰出局。

正因为如此，管理者如果想要打造一支出色的团队，那么就一定要注意营造良好的工作环境和工作氛围，让内部所有人都可以感受到团队本身具备的活力，让所有人感受到自己在团队中是有前途的，是有希望的，整个团队是具备强大竞争力的。

一般来说，一个优秀的团队往往具备五个显著特征。

一是心理安全感。团队内部拥有一个自由宽松的环境，每个人都可以从容地表达自我、展示自我，团队之间的交流是真诚的，大家会相互帮助，并感受到来自他人的关注和重视。

二是可靠性。简单来说就是工作的透明性，每个人都可以清晰地了解自己的工作以及工作预期，了解其他成员的工作情况，了解团队当前的工作进展和状态，并制订下一步的行动计划。

三是结构清晰。每个人都能清楚地了解自己在团队中的角色，明确当前的计划，清楚自己当前的工作目标，他们对于团队的发展目标有着更清晰的认知。

四是意义。团队成员相互感激，相互鼓励，彼此提升，大家能够把握团队的发展目标，并不断强化自己独特的价值和作用。

五是影响。团队内部的成员经常在一起讨论，强化每一个人的战略思维和信心，确保团队成员产生荣誉感，觉得自己正在为更伟大的目标服务，这样就可以有效地提升大家工作的积极性。

优秀的团队，往往都有以上几个特征，而这些团队之所以拥有良好的氛围，最直接的方式就是打造一种优秀的企业文化。

企业文化是企业发展的内在基因，严格来说，属于一种价值观。一般情况下，当企业成立之后，所有的成员会在追求目标的过程中不断沟通，久而久之，企业内部不同的人之间往往会形成一个共同的价值观。这个时候，大家都在遵循的一些理念会逐步占据主导地位，大家会对这些理念进行梳理、引导、引申和规范，使其更加符合企业发展的实情，最终演化成企业内部的文化。对于企业来说，企业文化的存在可以帮助企业更好地管理和引导员工的行为，员工会受到文化的熏陶，自觉地按照规则行事，整个企业也会在企业文化的引导下建立一种良性的工作氛围。

通常情况下，企业文化需要侧重以下几个要素。

第一，强调团队文化与合作文化，引导员工以团队利益为先，彼此之间相互协作，相互帮助，为实现团队目标而奋斗。

第二，凸显竞争文化，竞争是团队发展的主旋律，一个有活力的团队往往充满了斗志，员工不惧怕对手、不惧怕困难，始终保持艰苦奋斗的良好状态，能够以昂扬的斗志面对一切。

第三，强调执行文化，所有的员工必须保持出色的执行力，严格按照指令做事，对自己的工作充满敬畏之心和责任心，这样的团队才会表现出强大的竞争力和创造力。

第四，强调正确的价值观，员工每天保持正面的思想和乐观的心态，不过度谈论负面的东西，不要被那些负面的情绪所困扰。整个团队需要在一种正面的、积极的、向上的状态中稳步前进。

无论怎样，企业需要在内部注入优良基因，依靠企业文化来引导员工，规范员工的行为，提升员工的工作意愿，并给企业内部营造良好的工作氛围。

第二十八篇

假 权

　　夫将者，人命之所县①也，成败之所系也，祸福之所倚也，而上不假之以赏罚，是犹束猿猱之手，而责之以腾捷，胶离娄②之目，而使之辨青黄③，不可得也。若赏移在权臣，罚不由主将，人苟自利，谁怀斗心？虽伊④、吕⑤之谋，韩⑥、白⑦之功，而不能自卫也。故孙武曰："将之出，君命有所不受。"亚夫曰："军中闻将军之命，不闻有天子之诏。"

注释

① 县：通假字，通"悬"，悬挂、维系。
② 离娄：上古时期神话传说中的人物，视力很强，后来指代视力很好的人。
③ 青黄：青色和黄色，这里指颜色。
④ 伊：商朝开国元勋伊尹，担任右相，是杰出的政治家和思想家。
⑤ 吕：吕尚，也叫姜子牙，商周时期著名的政治家和军事家，辅佐周武王灭掉殷商王朝。
⑥ 韩：汉朝开国名将韩信，帮助刘邦打下大汉江山。
⑦ 白：秦国名将白起。

将领是军队中的关键，责任重大，他们掌握着万千士兵的性命，决定着战争的胜败结局，左右着国家的盛衰兴亡。如果君主不把指挥军队的权限和赏罚的权力全部交给将领，就好像用绳索捆住猿猴的手足却斥令它闪展腾挪，攀爬树木一样，又好像用胶带粘住离娄的双眼，却要求他辨别各种颜色一样，这明显是不可能做到的事情。如果军队的赏罚大权被权贵操纵，而主将没有任何可以行使的权力，那么整个军队内部就会出现苟且偷生、自私自利的现象，此时谁还愿意上战场奋勇杀敌呢？即便将领具备伊尹、吕尚的谋略，具备韩信、白起的军事才能，恐怕连自保也做不到。所以孙武说："将领在外面行军打仗，有时候根本不用服从国君的指令。"周亚夫说："军队中只发布将领的命令，而不会传达国君的诏书。"

解　读

在《出师》篇中，诸葛亮谈到了将士出征应该注意的细节，其中重点讲述了军队的授权问题，君主应该将军事指挥权交给将领，让将领充分发挥他们的军事才能，带领军队作战。在这个过程中，将领制订什么样的对敌策略，安排什么样的人做幕僚，起用什么样的部下作战，君主不得干涉。而在本篇《假权》中，诸葛亮再次谈到了军事授权的问题，他认为君主最大的能力就是治理国家，但对于一些具体的工作事项，君主或许并不擅长，比如，君主可能并不擅长外交，或者并不擅长发展经济，或者并不擅长带兵打仗。说到军事作战，将领才是这一方面最专业的人才，他们对军事作战系统非常了解，对战场也更加了解，指挥能力突出，作战经验丰富，由他们负责管理军队，才能够真正保证军队的强大，也才能在战争中做到进退有度。

相比之下，君主的主要工作就是管理能够管理国家各项事务的大臣。西汉开国功臣韩信曾经说过，自己最大的能力就是领军作战，即便是百万雄兵也能管理到位，而刘邦最大的能力就是管理能够带兵打仗的将领。而军事不过是治理国家的其中一个方面，君主最重要的工作是管理将领，包括将领的选拔和任免，然后将军队的管理权限交给值得信赖的将领。君主管理将领，以及授权将领去管理军队，两者之间并不冲突。但很多时候，为了牢牢掌控权力，君主可能会给予将领象征性的地位，但将领在领兵作战的时候根本没有任何实权，他们做任何事情都要经过君主的同意，任何决策和方案都要交由君主去决定，这样就削弱了将领的作用。

　　在王权和军权的权力分配中，君主为了保证自己的王权更为稳固，往往会想办法将军权牢牢控制在自己手中。在很多时候，这是一个正确的策略，但掌控军权并不意味着架空将领的权力，只要构建一个更加成熟的体系，君主便能有效控制好军队。比如，秦始皇对军队就拥有绝对的领导权，但是他并没有剥夺蒙恬、王翦等人的兵权，而是让他们带领军队征战四方。

　　军权是维护王权的基础，但君主不能因此就把将领当成一个毫无实权的工具人，军队想要获得胜利，君主就需要充分信任将领，让他们管控好军队，制订作战策略，选拔作战人才，并对士兵进行相应的奖赏和惩罚。在军队内部，将领应该拥有绝对的军事指挥权，如果君主剥夺了将领的军事指挥权和赏罚的权力，那么军队就会失控，因为将领一旦被束缚住手脚，往往会消极作战，而君主由于不能直接上前线作战，缺乏对军队的直接管控，又会导致内部出现各种腐败现象。尤其是一些代君主行使指挥权的权贵，进入军队后可能会破坏内部的公平，导致军队内部的赏罚体系遭到破坏，甚至一些奸佞小人会趁机夺权，并直接引发内部的失控。

　　上述情况不仅在军队里容易出现，在其他管理体系中一样会存在，比如，在企业管理中，如果企业家或者董事长过度干预经理在某个项目上的经营和管理，甚至剥夺经理的管理权限，那么整个项目的推进就容易出现问题。过度的干涉会带来内部权力的失衡，这对项目的经营和管理没有任何帮助，董事长以及后续安排的监管人员也许并不擅长项目管理，而经理则很难发挥自己的能力。权力的失衡又容易引发内部的腐败问题，不具备管理才能的人一旦上位，就会破坏原有的管理秩序，赏罚公平体系也会荡然无存。

所以，管理者要懂得授权给专业的管理人员，还要注意保护他们的权力，给予他们更多的权限，让他们放开手脚做事，这样才能把事情做好。

第二十九篇

哀 死

　　古之善将者，养人如养己子。有难，则以身先之；有功，则以身后之；伤者，泣而抚①之；死者，哀而葬之；饥者，舍食而食之；寒者，解衣而衣之；智者，礼而禄②之；勇者，赏而劝之。将能如此，所向必捷矣。

注释

① 抚：安慰、抚恤。
② 禄：官吏的薪水，又指代官吏、官位。

译文

　　古代凡是优秀的将领，对待自己的部下就好像对待自己的儿子一样，当困难和危险来临时，能身先士卒，一马当先，冲在最前面；在分封战功和奖赏时退居于后，把功劳、荣誉谦让给部下；当士兵受伤时，及时给予安慰和抚恤；当部下为国捐躯时，满怀悲痛地厚葬他们；当士兵挨饿时，主动把自己的食物让给他们；当天冷士兵受冻时，脱下自己的衣服让给士兵穿；对待才智出众的人，以礼相待，并委之以高官厚禄；对待英勇善战的部下，则给予相应的奖赏并勉励对方再接再厉。如果一名将领能够做到上面这些，那么他所领导的队伍就可以在战场上所向披靡，百战百胜。

解 读

在管理员工时，不同的人选择不同的方法，有的人信奉强权治理，有的人则推崇更宽松的仁德治理手段，不同的方法会产生不同的效果，但无论是什么方法，都需要记住一句话："你如何对待员工，员工也会如何来回报你。"管理者对员工的态度和管理方法往往会影响员工的工作状态。

作为执行者，作为团队的主体，员工往往是将管理者的计划、理念、目标转化为现实的重要力量，如果没有员工的参与，那么任何一项工作最终都只停留在计划层面，根本无法转化为实际的效益。正因为如此，管理者需要善待员工，应该想办法给予员工更多的利益和尊重。

诸葛亮在谈到军队管理时，明确表示将领要善待部下，因为部下是真正在战场上浴血奋战、奋勇杀敌、帮助将领建功立业的人，将领必须表现出足够的诚意来保护、爱护自己的士兵，把士兵当成自己的孩子一样对待。比如，在危险面前一马当先，做好表率，而不是让士兵冲在最前面；论功行赏的时候，将功劳、荣誉让给士兵，给予他们最大的尊重；在士兵受到伤害时，立即给予帮助和慰问，让他们没有后顾之忧；在士兵牺牲后，要厚葬他们，善待他们的家人；在士兵挨饿受冻的时候，将食物和衣服让给士兵；在面对有能力或者英勇善战的部下时，则要给予相应的奖励（物质奖励以及精神上的鼓舞）。诸葛亮认为，将领的管理方式直接决定了将士与士兵的关系，而将领与士兵的关系则决定了军队的作战能力。

一个合格的将领，懂得尊重、保护和关爱自己的士兵，他们会想办法增强员工的归属感。归属感是团队文化的一个重要组成部分，它的形成往往需要一个渐进的过程，需要员工不断了解团队，逐步融入团队。一般来说，归属感可以分为三个层次。

最低层次的归属感，个人大致了解团队的相关信息，他们看重团队的薪酬、福利、文化、价值观与自身基本状态的契合度，当个人的物质和精神需求得到满足时，他们就会积极融入团队中。

第二层次的归属感，个人开始对团队进行全面认知、熟悉的过程。通过团队内部的各种培训活动，逐渐感受、感知、熟悉、适应团队。久而久之，个人就会对团队内部的经营理念、内部决策、精神文化和制度规范产生基本的认同感，这种认同感有助于个人更好地融入团队。

最高层次的归属感是指团队中个人的生理、心理、感情、人际关系得到满足后，对团队管理者的思维方式和团队的核心价值观产生深层次的认同感。此时，他们的个人安全感、公平感、存在感、价值感、成就感、满意度不断提升，最终对团队产生强烈的归属感。

从管理学的角度来说，"一个伟大的组织能够长期生存下来，最主要的条件并非结构、形式和管理技能，而是我们称之为信念的那种精神力量以及信念对组织全体成员所具有的感召力"，好的团队应该具备这样的信念和精神力量，而推动这种力量传递的正是管理者，管理者只有做好自己的工作，才能够有效提升员工的归属感。

在企业管理中，培养员工的归属感至关重要，管理者所有的激励措施、所有的尊重、所有的引导和规范，最终都是为了留住员工，为了让员工更好地认同团队，成为团队中最忠诚的一分子，管理者需要处理好自己与员工之间的关系，提升员工的归属感，从而强化他们在团队中的奋斗意识。

所谓的归属感类似于主人翁意识，管理者最好的办法就是激发员工的主人翁意识，让他们意识到自己是团队中的一分子，自己的利益能够得到团队的保护，自己的工作可以获得团队的认同和尊重，自己的能力可以获得他人的肯定，自己的生活可以得到其他人的关怀。即管理者需要在物质奖励、精神鼓舞、人文关怀、目标激励、身份认同、工作参与度、成长机会等方面给予员工更多的支持。

第三十篇

三 宾

夫三军之行也，必有宾客，群议得失，以资将用。有词若县①流，奇谋不测，博闻广见，多艺多才，此万夫之望②，可引为上宾。有猛若熊虎，捷若腾猿，刚如铁石，利若龙泉③，此一时之雄，可以为中宾。有多言或中，薄技小才，常人之能，此可引为下宾。

注释

① 县：通假字，通"悬"，悬挂。

② 望：有名的人。

③ 龙泉：龙泉剑，以锋利坚韧著称。

译文

凡是出征作战，将领身边必须有各类幕僚和门客一起为自己策划参谋，共同讨论利弊得失，为将领的决策提供参考意见。有些人才思敏捷，口若悬河，能提出奇妙的谋略，他们见闻广博，多才多艺，称得上是万里挑一的出色人才，完全可以成为将领的高级幕僚。有的人像熊虎一样勇猛强大，像猿猴一样灵敏迅捷，他们的意志坚如铁石，作战如楚地龙泉宝剑那样锐利无比，这些人算是一时的豪杰，可以成为将领的中级幕僚。有的人动不动就发表长篇大论，但能力一般，只能偶尔提出一些小计谋，这样的人身怀小才能，算是普通人而已，可以成为将领的下级幕僚。

■ 解　读 ■

任何一个出色的将领都不可能一个人解决所有问题，任何将领在能力、视野以及思维方面都存在局限性，很多时候也会做出错误的判断和决策，也会有考虑不周的时候。正因为如此，将领为了提升作战的效率和成功率，往往需要培养自己的智囊团，即幕僚和门客，这些人平时负责出谋划策，提供更好的谋略，或者直接上场杀敌。

但幕僚也分三六九等，最出色的幕僚博学多才，可以制订出色的谋略，可以以自己出色的才华和口才赢得他人的关注，他们是出色的谋士，能够在战略和战术上提供很大的助力。中级幕僚或许并不擅长出谋划策、言辞以及提供智力上的帮助，但他们英勇善战，意志坚定，是绝佳的斗士，完全可以在战场上帮助将领分担压力。下级幕僚能力有限，甚至可能免不了会自吹自擂，但有时候也能提出一些实用的小计谋，这种人虽然没有大才能，但也并非一无是处，在某些时候可以解决一些具体的问题。

"战国四公子"之一的孟尝君就培养了一大批幕僚和门客，在这些门客中，有苏代这样的优秀谋士，也有其他一些鸡鸣狗盗之辈。在他看来，门客能力有高低，可以在不同的场合借助他们的力量。将领在打仗时，也需要借助幕僚和门客的力量，比如，在制订作战策略、拟定作战方针时，可以征求高级谋士的意见和建议，大家群策群力，给出最佳的作战方案；在面对强悍的敌人时，可以安排中级幕僚出战，借助他们强大的战斗力在战场上所向披靡；至于那些能力不太出众的幕僚，也不要轻易忽视他们的价值，在很多时候，他们也能提出一些计谋解决一些实际的小问题。

对幕僚的任用，实际上体现出了一种层次化的人才管理模式，简单来说，就是对团队内部的人才和帮手进行层次上的划分，能力最强的员工位于最高层次，他们享有最高的地位、最好的待遇，对团队发展的作用也最大。管理者在面对这一层次的员工时，需要给予更多的激励和最大的尊重。而能力稍强的员工位于中层，这类员工的薪资、地位、权限都要相对低一些，但管理者仍要重视他们存在的价值，给予相应的激励和关注。至于那些能力最低的员工，他们虽然也能够获得管理者的关注和尊重，但待遇上要差很多。

管理者对于人才的划分，本质上是通过价值划分来确定的，价值的高低决定了地位和待遇的高低，人才层次划分越清晰，对于人才的管理越有效，整个智囊团的工作效率也就越高。需要注意的是，人才的划分需要体现公平竞争、公平分配的原则，如果对所有人才都一视同仁，那么就容易引发内部的不满，那些真正有能力的人会丧失信心和兴趣。

比如，同样是刚入职公司，有的人就拥有 100 万元的年薪，有的人则只能拿到 10 万元的年薪，为什么同一时间入职的两个人会有如此大的差别，公司为了保持公平，难道不应该按照同样的标准来招聘人才吗？归根结底还是因为能力的大小不同，能力越大的人，他们的薪资与回报肯定也会越多，而那些能力偏小的人，对企业的发展贡献较小，所得自然也要更少一些。如果按照同等标准去对待所有人，那么对那些能力出众的人来说绝对不公平。

人才层次化的设计本身就是为工作设计的，团队的工作本身就有多种类型，有的非常重要，有的不那么重要，有的关乎大局，有的只是小细节上的修补。不同的工作需要不同的人来完成，只有量才为用，才能推动团队的发展。

任何人都拥有价值，下级幕僚和人才，也有其存在的价值，管理者不能轻易忽视他们的存在。因为一个团队中既需要有人做大事、做规划，也需要有人来执行任务，做一些相对琐碎的小事，只要针对性地做出合理的安排，每个人的价值都能被体现出来。

后 应

　　若乃图难于易，为大于细^①，先动后用，刑于无刑，此用兵之智也。师徒已列，戎马交驰，强弩才临，短兵又接，乘威布信^②，敌人告急，此用兵之能也。身冲矢石，争胜一时，成败未分，我伤彼死，此用兵之下也。

注 释

① 细：小事。
② 信：威信、威严。

译文

　　想要处理难题要先从容易的地方入手，想要做成大事则要从细微的地方入手；在事情还没有变得不可收拾时就采取应对措施，在军中设立严明的刑罚最终又不以动用刑罚为目的，这是用兵的上策。与敌人交战，将士已经列好阵形，双方兵马交错，刚刚发射完弓箭，就与敌军正面交接，这时将领需要通过浩大的声势来威慑敌军，使得敌军陷入混乱，这算得上平常的用兵之道。在战场上，将领只懂得冒着枪林弹雨冲锋陷阵，肉搏厮杀，不过是逞一时之能，不仅胜负难分，而且会给交战双方都带来严重的伤亡，这是很拙劣的用兵之道。

在《心书》中，诸葛亮有一个非常重要的观点，那就是相比于直接发生短兵交接的战斗，最好的方式就是通过强大的实力展示威慑对方，从而迫使对方不敢轻举妄动。比如，在战场上，许多没有经验的将领，直接带领部队往前冲杀，他们更愿意通过硬碰硬的方式一决胜负，这种动不动就采取肉搏战的作战方式往往非常鲁莽，不仅给人留下好战的印象，而且还容易给交战双方带来很大的损伤，并不是一种明智的作战策略。

真正聪明的将领不会轻易发动战争，因为战争本身是残酷的，会威胁到士兵的安危，即便是再强大的军队，也不能绝对保证自己可以不伤亡一兵一卒，只要是战争，就必定会流血牺牲，对于将领来说，任何一个士兵的伤亡都是国家和军队的损失，能避免伤亡就应该尽量避免。此外，战争本身需要消耗大量的资源，无论是武器装备，还是粮草、后勤补给，最终都会带来严重的消耗，无论多么强大的国家在发动战争时也不得不估算潜在的巨额投资。对于将领来说，能够不发动战争，自然可以帮助国家节省大量的资源。

考虑到战争的危害性和一些不可预测性，面对敌人的挑衅不得不参战时，将领通常选择以最小的代价实现最大的收益，这也是降低战争风险的一种基本策略。那么，如何做才能尽可能地降低成本消耗，确保更大的收益呢？最简单最直接的方式就是威慑，通过武力的展示让对手臣服，通过强大的实力敲打敌人，使得敌人不敢轻举妄动。

对于优秀的将领来说，他们无论是对外进攻，还是对内管理，都会谨慎行事，尽可能以自身的威慑力影响他人的行动。所以诸葛亮说用兵的上策就是直接通过实力展示来压制对手的行动，就像在军队内部管理部下一样，将领想让士兵服从指挥，遵守纪律，就需要制订严格的处罚制度，而制订严厉的刑罚制度，其目的是震慑，而不是处罚，有了严厉的刑罚措施，士兵们自然不敢随意违背军纪，此时，刑罚措施反而不会用到士兵身上。战争也是如此，最高明的策略永远不是在交战中摧毁对手，而是在交战之前就摧毁对方的作战意志，使得对方知难而退，主动投降或者退兵。平庸一些的用兵之道就是先列好阵形，通过弓箭的远程攻击制造伤害，然后正面交锋，展露出强大的威慑力，这样就可以在全面战争爆发之前挫败对方的士气，最终赢得作战先机。

所以说，真正高明的竞争策略，并不是不顾一切地硬碰硬，直接对抗不是解决问题的完美方案，蛮力也不能真正让自己实现竞争的目的，最好的策略就是智取，通过实力展示来威慑和压制对手，摧毁对手作战的信心和决心。比如，在现代战争中，最强大的威慑武器就是核武器，对于当今拥有核武器的国家而言，制造核武器不是为了轰炸敌国，而是为了制造强大的威慑力，确保任何入侵者都必须三思而后行，而这就是一个国家最大的战略威慑力。如果只知道一味硬碰硬，发动军事战争来打败敌人，那么最终可能会给自己的军队和国家带来灭顶之灾。

用兵之道的关键往往在于不能过于直接地发动攻击，巧妙地利用自己的优势化解对方的攻势，威慑对方的行为，这才是竞争的最高境界。企业管理也是如此，企业本身就以追求效益为目的，能够选择以最低成本的方式获得最大的收益，这就是企业经营管理的一条基本原则，所以企业在强调内部管理时，同样也会选择追求低成本、低消耗的方式。

有的管理者为了让员工听话，为了指挥员工按照要求工作，可能会直接动用强制手段，在他们看来，这是最直接、最简单有效的方式。但是从效果来说并不是，当管理者强制要求员工必须做什么，必须怎么做的时候，往往会引起员工激烈的反抗，一旦员工的怒气积攒到一定程度，就可能采取反击手段，消极工作，甚至直接罢工。这种简单粗暴的管理方式往往会激发管理者和员工之间的矛盾，增加内耗，最终增加管理成本。

聪明的管理者会制订激励措施，同时也会制订严厉的制度，他们会隐晦地进行威慑，告诉员工如果不能按要求完成工作，可能会面临什么样的惩罚，可能会遭遇什么样的损失，在这种威慑下，员工自然不敢消极怠工，也不会轻易反抗和捣乱了。比如，某公司内部的员工工作态度不佳，对于新上任的管理人员处处刁难，不服从指挥，此时，管理者如果直接给予员工惩罚，克扣工资和奖金，或者与其发生正面冲突，进行训斥，那么可能会引起内部矛盾。聪明的管理者会制订"末位淘汰制"，他们会明确地告诉员工，一旦在绩效考核中位列最后，而且成绩明显不达标，就会遭受处分，甚至直接被公司开除。制订严厉的制度并不是为了惩罚员工，而是为了让不上进的员工感受到来自上层的压力，从而让他们更自觉地履行自己的义务。

　　总的来说，优秀的管理者更注重成本与收益的核算，很少直接与员工发生冲突，他们会更加巧妙地借助自身的威慑力引导员工规范自己的行为，从某种意义上来说，他们是出色的经济学和心理学大师。

第三十二篇

便 利

夫草木丛集，利以游逸；重塞山林，利以不意；前林无隐，利以潜伏；以少击众，利以日莫[1]；以众击寡，利以清晨；强弩长兵，利以捷[2]次[3]；逾渊隔水，风大暗昧，利以博前击后。

注释

[1] 莫：通假字，通"暮"，傍晚的意思。
[2] 捷：抄近道。
[3] 次：驻扎。

译文

在草木茂密的地区作战，有利于军队的转移撤退，可以采用游击战的策略；关塞重叠，树高林密的地方，有利于军队出其不意攻其不备；在紧靠树林，没有任何隐蔽物的开阔地带作战，有利于军队埋伏隐藏；在敌众我寡的情况下，应选择在黄昏时攻击敌人；在我众敌寡的时候，应该选择在清晨向敌人发起进攻；使用强弓硬弩、戈矛等射程较远的武器，有助于军队抄近路袭击敌人；如果隔岸对峙，又有风沙，视线不清，就应采取前后夹击的战术。

在战争中，有效利用外部条件作战是一项基本的军事能力，对于将领来说，他们必须清晰地知道在什么样的地形条件下，什么样的气候条件下，采取怎样的作战方式，应该做出怎样的军力部署。优秀的将领会选择适合自身作战优势发挥的外部环境，以此做好战斗部署，也会针对不同的环境制订不同的作战方案。诸葛亮在《便利》篇中谈到了这一点，他分别谈到了密林地区、关塞高林地区、开阔地带的作战方案，又谈到了黄昏和清晨时期不同的作战方法，还谈到了近路抄袭与前后夹击战术的灵活运用，这些本质上都是对外部环境的巧妙利用。

利用外部有利的环境是军事作战中的重要因素，即便是在现代战争体系中，也需要对地理、气候等外部信息进行搜集和分析，依据便利的环境可以更好地发挥出自身的优势，同时也可以在不同的环境中采取不同的作战方法。

无论怎样，战争的发生都有一个具体的场景，即战场。战场本身是存在于地形环境或者地理环境中的，就连空军在交战的时候也要注意分析飞行距离的长短，有时候也需要考虑山川大海的影响。可以说，具体的环境是大多数战争模式不可避免的一个重要的要素，只要敌我双方交战，在很大程度上就需要双方启动各自的防御体系（这个防御体系本身就和环境息息相关），需要了解战场上的具体环境。

诸葛亮对于外部环境和场景的重视，并且按照具体的场景来设置交战模式，体现出了一种朴素的作战思维，也是一种最基本的军事素养。如果对这种军事作战思维进行泛化，那么就可以引申为人们在做事的时候需要依据具体的资源、条件和环境来做出合理的调整，制订合理的执行方案，可以说，在不同的环境和条件下，人们往往需要使用不同的生活和工作策略。这一点在职场上非常重要，它直接关乎个人的生存和发展。

以竞争为例，在面对不同的竞争场景时，需要采用不同的竞争策略，在传统市场的竞争中，需要发挥自己的优势，尽量避免与市场上已经存在的强大对手发生正面冲突，抢占一些没有被关注的市场。比如，某地市场上的大企业生产的养生产品大多数针对老年人，而对于后入的企业来说，按照现有的资源和实力，采取正面交锋的策略并不是明智的选择，它们完全可以改变方向，如将中年人作为销售的对象，或者针对年轻人的亚健康状态经营自己的品牌，以年轻化为突破口。在开拓新市场时，则需要抢占先机，尽可能早地进入市场，扎稳自己的营地。比如，几家公司一同进入某一个新兴市场，这个时候最重要的就是抢占市场，只要发现商机就要毫不犹豫地冲入市场，尽可能多地抢占市场，一旦市场趋于饱和再进入，成本就会增加。

除了竞争，人与人之间的相处也是如此。以沟通为例，真正善于沟通的人，必须明确什么场合下要说什么话，什么人面前应该说什么话。比如，当某人发现对方在某件事情上做错了，在犯错的领导面前，在犯错的同事面前，在犯错的下属面前，提示的方式肯定是不一样的。在面对领导的时候肯定不能直接指出这些错误，可以选择以暗示的方式来引导领导，有些时候还需要巧妙地圆场，缓解领导的尴尬。而在面对同事时，可以出于关心的目的，给出一些善意的提醒，或者给出一些小暗示。在面对下属时，往往可以直接指出来，必要的时候还需要批评下属，提醒他们下次不要再犯同样的错误。一旦在上述场景中加入客户，那么说话的方式肯定又不一样了，形势变得更加复杂，说话也要更加注意方法和策略。

可以说，在生活和工作的方方面面，都需要依据具体的场景来安排自己的生活和工作，需要在具体的场景中调整自己的一言一行，确保自己的言行举止可以迎合环境需求，让自己更好地融入相关的环境中。

需要注意的是，人们在关注具体的环境和场景时，也需要结合自己的现实情况，包括自己的能力、性格、资源等，只有将自己与环境完美地契合在一起，才能真正发挥出自身的实力和价值，能够真正做到将环境为己所用。

第三十三篇

应 机

夫必胜之术，合①变之形，在于机也。非智者，孰能见机而作乎？见机之道，莫先于不意。故猛兽失险，童子持戟以追之，蜂虿发毒，壮夫彷徨而失色，以其祸出不图②，变速非虑也。

注释

① 合：集合。
② 图：谋划。

译文

行军打仗想要做到每战必胜，做到兵力集中与分散的变化多端，关键在于对时机的把握。如果不是智慧出众的人，怎么能恰到好处地把握时机并快速做出行动呢？把握时机的秘诀在于出其不意。因此，当猛兽陷入困境时，一个孩子手持长戟也可以追着它跑；小小的毒虫突然用毒刺蜇人，就连最强壮的大汉也会惊慌失措，不敢靠近，灾祸的出现总是令人意想不到，其变化之快令人难以考虑和防备。

　　三国时期，孙策派水军攻打钱塘江南岸的固陵，连续几次都无法攻破对方的防线。部下孙静献上一个计谋："王朗在固陵的防守很坚固，不宜正面死攻。离这里几十里的查渎有条路，可以迂回包抄固陵。你给我一支兵队，我从查渎那边围攻，给他来个'攻其无备，出其不意'，肯定能取胜！"孙策听了觉得很有道理，于是让孙静依计行事。

　　为了进一步迷惑敌人，孙策下令在军队里摆放几百个大水缸，每一个水缸里都盛满水，这样就可以让敌人误以为东吴的军队准备在此地长期作战。到了晚上，孙策又让士兵尽可能点亮所有的灯，让敌人觉得东吴军队的主力已经在此地驻扎。

　　王朗虽然知道孙策会采取军事行动，但是他并不清楚孙策什么时候会动手，而当他派出去的探子回报说孙策的军队准备长期驻扎之后，慢慢放松了警惕，觉得孙策短时间内不会发动攻击。可就在这时，孙静带领部队突然攻打固陵附近的高迁屯，王朗非常惊讶，于是立即派周昕率队前去迎战，可是由于准备不充分，周昕根本不是孙静的对手，没多久就被打败，固陵很快被攻陷，孙策得以长驱直入，顺利占领了会稽一带的地盘。

　　把握时机是军事作战中的重要理念，从古至今，出色的战役大都和时机的掌握有关，计谋虽然起到了很大的作用，但计谋的运用本身就是为了创造更好的作战时机，通过计谋的巧妙运用，人们可以有效迷惑对手，然后在一个意想不到的时机向对方发起进攻，从而做到出其不意，攻其不备，在对方没有形成有效防备时，一举击败对方。

　　从某种意义上来说，选择一个好的时机，可以有效提高作战的胜率，所以诸葛亮在《应机》篇中说："夫必胜之术，合变之形，在于机也。"他认为作战部队的战术变化都是围绕时机来打造的，而什么样的时机才是合适的呢？那就是出人意料，只要让对方难以预估自己下一步的行动，无法判断出自己什么时候会出击，对方就无法做出有效的防备。

利用计谋制造出最佳时机，形成出其不意的效果，这是高明的策略。比如，在商场上做生意，就需要把握好时机。A 公司准备研发和生产一款新的纳米科技产品，为了抢占市场，A 公司一直都在密切观察市场，注意其他竞争对手的动向，其中 B 公司是它最忌惮的竞争对手，为了防备对方也涉足这一领域，研发同类型的产品，A 公司一直都在打探消息，一旦发现 B 公司的研发获得突破，就会采取一些措施追赶。与此同时，B 公司知道 A 公司是目前研发成果最多、研发力度最大的企业，想要赶在对方之前研发出产品，就需要隐藏自己。所以 B 公司一直对外隐瞒信息，并且数次对外放出消息，考虑放弃纳米新产品的研发，而这一招明显迷惑了 A 公司的管理层，他们一致认为 B 公司没有技术实力，迟早会失败，便渐渐放下了戒备。一个月之后，正当 A 公司大张旗鼓地宣传自己的新产品，为即将面世的产品造势时，B 公司抢在 A 公司之前推出了自家的纳米产品，B 公司的新产品很快在市场上销售一空，而 A 公司却没有把握住机会，还免费替 B 公司做了宣传，自家的产品也失去了进军市场的优势。

把握时机本质上是一种信息战，当双方的信息资源差不多，或者对方掌握自己的大致信息时，人们想要创造更好的机会，就需要想办法扰乱对方的视线，破坏对方的判断，人为地制造信息差，或者适当扭曲相关的信息，误导对方做出错误的决策，自己就可以出其不意地执行自己的计划。

一般来说，要想做到出其不意，就要在对方准备不充分或者最虚弱的时候出手，比如，在对方刚刚开始积蓄力量时发起攻击，或者在对方受到外界的伤害而处于虚弱期的时候发起攻击，或者在对方处于倦怠期和放松警惕期间发起进攻。有时候，进攻者可以通过示弱的方式迷惑对手，让对手放松警惕。这些策略有一个共同点，那就是确保对方无法形成有效的防备，此时的进攻效率是最高的。

无论是在战场、商场、职场上，还是在各种为人处世的场合中，都需要合理把握和运用时机，而人们需要做的就是利用自己的智慧来制造信息差，确保自己可以掌握先机。

第三十四篇

揣 能

古之善用兵者，揣其能而料其胜负。主孰圣也？将孰贤也？吏孰能也？粮饷孰丰也？士卒孰练①也？军容孰整也？戎马孰逸②也？形势孰险也？宾客孰智也？邻国孰惧也？财货孰多也？百姓孰安也？由此观之，强弱之形，可以决矣。

注释

① 练：训练。
② 逸：跑得很快。

译文

古代善于用兵的将领，往往能在掌握敌我双方实力的虚实后就对双方交战的结果做出准确的预测。将领在预料胜负时需要了解以下几点内容：哪一方的君主更开明伟大？哪一方的将领更贤德有能力？哪一方的官吏更精明能干？哪一方的粮草更充足？哪一方的士兵更训练有素？哪一方的军容更威严整齐？哪一方的战马跑得更快？哪一方占据的地势更险要？哪一方的幕僚更足智多谋？哪一方可以威慑邻国？哪一方的生活更富裕，物资更充足？哪一方的百姓能够安居乐业？通过上述几个方面的对比，就可以很清楚地判断双方谁强谁弱，谁胜谁负。

在竞争之前，人们通常先评估双方的实力，以此为依据进行合理的推测，看自己是否具备优势，是否有机会打败对方，弄清楚自己在哪些方面存在劣势，这些劣势会对最终的结果产生什么不利影响。竞争结果的推演是应对竞争的一种重要策略，一个优秀的竞争者往往会提前进行推演，然后制订合理的竞争策略。

诸葛亮在《揣能》篇中谈到了双方实力对比的重要性，在他看来，将领在预料胜负结果时，需要从以下三个竞争要素出发，并进行合理的对比与评估。

首先是管理阶层的对比，具体包括三个方面。

第一，明确两国哪一方的君主更开明伟大。一个开明伟大的君主能够很好地治理国家，其国家的经济也相对发达，物资供应充足，军事实力雄厚，而且开明的君主往往能够获得官吏和百姓的拥戴，大家上下团结一心，加上有才德的人可以获得提拔、晋升的机会，使得整个国家机器的运转处于良性状态，国家实力不可小觑。

第二，明确两国哪一方的将领更贤德有能力。将领的能力和素养往往决定了军队的实力，有能力的将领往往拥有出色的军事作战指挥能力，他们能够制订出色的作战方案，拥有高明的谋略和丰富的作战经验，他们对军队的管理和战场的控制力都非常出色，做到运筹帷幄、进退自如。

第三，明确两国哪一方官吏的政治素养、管理才能更高，官吏可以辅助君主治理国家，为国家的发展出谋划策，帮助国家在政治、经济、军事、文化、民生等多个方面获得提升。相比于君主，各级官吏才是这个国家的主干力量，如果一个国家的管理水平普遍低下，那么政策的制订和落实就会遇到很多问题，国家各个方面的发展都会受到阻碍。

其次是资源的对比。两个国家打仗，往往需要大量的粮草，强大的士兵，优秀的战马，优秀而忠诚的幕僚，险要的地势，强大的经济实力和充足的物资。资源是一个国家的硬件实力。一般来说，一个国家的资源越丰富，经济、军事的实力越强大，那么国家在战争中可挖掘的潜力就越大，国家无论是进攻还是防守都更具优势。而且实力越强的国家，越容易在高消耗的持久战中保持优势。

最后是国家和军队的状态对比。哪一方的国家更具威慑力，哪一方国家的百姓生活更加富足、安定，人民可以安居乐业。此外，也要弄清楚哪一方国家的军队更加强大，军容军纪更加整齐威严。国家的状态越好，越具有活力，国家的竞争实力就越强大，军队也是如此，善于作战的军队往往从军容军纪中就可以看出来，如果士兵们平时很懒散，不遵守纪律，经常不训练，而且内部也不团结，那么整个军队的作战能力必定很低，无法应对复杂而残酷的战争。

战争需要考虑的因素很多，即便是一些不起眼的细节问题也可能会对战争的最终结果产生影响，但即便如此，以上三个要素还是决定国家实力和军队实力的关键因子，一旦一个国家在上述三个要素中都占优势，那么就可以在战争中获得巨大的优势，战争的胜利天平也会向这个国家倾斜。管理层的素养代表了一个团队的管理水平，资源代表了一个团队的硬实力，它们是支撑竞争的基本要素，至于团队的状态，则代表了软实力，表明一个团队能够释放出的巨大潜力，表明了团队内部的合作水平以及面对竞争时的态度。

以企业之间的竞争为例，如果一家企业的管理层很有远见，能够制订合理的战略计划，管理层之间密切配合，分工明确，能够共同管理企业，引导员工向同一个目标奋斗，那么企业就会表现出强大的发展潜力。相反，如果一家企业的管理层能力有限，管理能力很弱，分工不明确，缺乏合作意识，甚至内斗严重，那么整个企业的管理水平将会非常低，企业的发展也会受到限制。所以，对于竞争者来说，一定要对双方的管理层进行分析，了解企业家以及围绕在企业家身边的管理团队拥有怎样的水平，双方之间是否存在很大的差距。

同样的，资源是决定企业硬实力的关键，如果一家企业在人才的数量、水平、忠诚度上全方面超过对手，企业的技术水平、经济实力、资源储备也超过对手，那么就可以在竞争中占得先机。只要管理者不犯重大错误，就可以依靠巨大的资源优势压制对手，掌握胜负的天平。

　　再一个是状态，这里所指的状态往往和管理水平有关，更具体地说，和企业的制度约束以及企业的文化水平有关。如果一家企业的制度不完善，制度管理不到位，员工不遵守规章制度，甚至刻意违背规则，不按指令做事，那么企业内部的工作效率就无法得到有效的保证。企业文化也是一样，作为企业的发展基因，良好的企业文化是保证基业长青的关键，如果企业文化不健康，或者缺乏企业文化，那么就无法在内部形成良好的工作氛围，员工的归属感也会变得更弱，工作状态会直接受到影响。在竞争中，一定要对制度管理以及企业文化进行对比，如果对方的制度不完善，缺乏良好的企业文化，那么自己在竞争中将有很大的机会获得胜利。

　　总的来说，人们应该避免盲目竞争和对抗，先尽可能地了解彼此之间的实力，然后再决定如何采取竞争策略，如何制订合理的方案和方法。

轻 战

螯虫①之触，负其毒也；战士能勇，恃其备也。所以锋锐甲坚，则人轻战。故甲不坚密，与肉袒②同；射不能中，与无矢同；中不能入，与无镞同；探候不谨，与无目同；将领不勇，与无将同。

注释

① 螯虫：尾部有毒针可刺人的虫。
② 肉袒：脱去上衣，裸露肢体。

译文

那些尾部有毒刺的小虫子之所以可以保护自己，就是凭着尾部的毒刺；士兵在战场上能勇敢作战，依靠的是精良的武器装备。所以，只要有了锋利的武器、坚实的铠甲，那么所有的将士都可以勇猛善战，毫不畏惧。如果身上的头盔和铠甲不够坚实，就如赤身裸体与敌人拼杀；如果拉弓射不中敌人，就如没有弓箭；如果射中了目标，但因为力量不够而没有射进去，就如弓箭没有箭头；如果战前侦察敌情的工作做得不仔细、不周详，就如盲人上战场作战；如果将领缺乏英勇作战的勇气，就如军队没有将领。

  战争并不是简单地比谁的人多，也不是简单地组建一支军队，战争需要杀伤力，确保可以对敌人造成更大的伤害，因此需要船坚炮利，需要更果断的决心和更勇猛的斗志。诸葛亮在《轻战》篇中说，一只小虫子想要生存下去，就会用毒刺来武装自己，确保其他掠食者和竞争对手不敢轻举妄动。同样的，士兵想要在战场上生存下去，想要对敌人制造更大的杀伤力，就需要更精良的武器装备，假设头盔和铠甲不结实的话，将起不到防备的作用，士兵在战斗的时候就会有所顾忌。除了装备要完善，个人必须表现出强大的斗志和必胜的决心，在战场上能够全力以赴，只要拉弓射箭就必定要射中敌人，并重伤敌人，但如果射箭时非常随意，根本不用心，也没有任何准度和力度，那么就无法对敌人造成任何伤害，最终只会增加自己受伤的风险。如果上了战场，不注意搜集信息，不注意探查敌情，只知道鲁莽行动，那么就容易为这种毫无准备的出击付出沉重的代价。同样的，如果将领在战场上缺乏勇气，遇到敌人就产生怯战心理，甚至带头退缩和逃跑，那么整个军队便会陷入群龙无首和混乱的作战状态。

  战争非常残酷，真正善于作战的部队会提前做好充分的准备，积极武装自己，强化自己的攻击力，在精神上、装备上都达到极佳的状态，确保自己能够保持强大的杀伤力，如果在身体上、精神上的准备不充分，就很容易在战斗中遭遇失败。不仅战场，在现实生活中的其他方面，只要涉及竞争，就应该全力做好准备。比如，面对激烈的市场竞争，人们需要想办法武装自己，包括提升个人能力，充分发挥自己的优势，优化自己最擅长的项目，尽可能丰富自己的资源，或者寻求强大的外部力量，为接下来的竞争提供强大的助力。

  比如，某人最大的竞争优势是营销，那么就需要将其打造为自己的核心竞争力，在日常工作中，需要重点提升自己的营销能力，确保自己在这一领域的强大优势。此外，还需要借助其他外在的资源来武装自己：结交更多的客户与供应商，获取更多的市场信息，打造更加强大的营销团队。他必须在市场上表现得更加强大，更加果敢，更加勇猛，更具有魄力和毅力，才能够在市场竞争中生存和发展下去。

无论做什么事情，都不能打无准备之仗，为了提升做事的效率，为了让自己更快地实现预期的目标，需要提前做好准备，对自己要做的事情进行事前规划，对所需要的物资、人员、条件进行充分的了解，并想办法满足。不仅如此，还需要在心态上进行调整，绝对不能出现轻敌的思想，不能出现怯战的情绪，只要下定了决心，就要全力以赴。

有个年轻人进入公司后，发现公司一直都在实施末位淘汰制，公司几乎每两年淘汰一批员工，只要员工连续两年的年终绩效考核分数垫底，就会被公司开除。正因为如此，公司内部的竞争非常激烈，对员工来说，压力非常大。在这种激烈的竞争环境下，很多人都在想办法提升自己的能力，争取和其他人拉开距离。可是这个年轻人并没有这种危机感，对于竞争局面不以为然，而且经常在工作中轻视其他的同事，相较于其他人，他没有做任何准备，也没有想过自己必须从哪些方面来提升自己。最终，他在竞争中落入下风，连续两年的考核都在部门内垫底，直接被公司淘汰出局。

那么对于竞争者来说，如何才能做好准备呢？

首先，必须拥有危机意识，越是在竞争激烈的环境下，就越是要表现得谨慎，越是要严格要求自己，越是要做好最充分的准备。如果人们轻视对抗，轻视竞争，凡事装作无所谓的样子，就很可能因为实力不济或者准备不足遭受失败。

其次，准备工作必须是全方位的、有层次有重点的，人们必须了解自己在哪些方面存在不足，在哪些方面拥有巨大的优势，这样就可以有效做到扬长避短，有针对性地做好准备，保证自己的安全。

最后，准备工作必须量力而行，准备得越充分，自己获胜的概率也越大，但是准备工作本身就要与自身的条件相契合，去做超出自身能力范围之内的准备工作本身就是不合理的，不仅增加了个人的负担，还容易因为准备不到位而出错。

需要注意的是，任何准备工作都是有时间限制的，人们需要对所做之事进行分析，了解做事的期限，然后设定一个合理的时间段来做准备，确保自己可以合理把握时机。

地 势

　　夫地势者，兵之助也。不知战地而求胜者，未之有也。山林土陵，丘
阜^①大川，此步兵之地；土高山狭，蔓衍^②相属，此车骑之地；依山附涧，
高林深谷，此弓弩之地；草浅土平，可前可后，此长戟之地；芦苇相参，
竹树交映，此枪矛之地也。

注
释

① 丘阜：土丘。
② 蔓衍：蔓延、滋生演变。这里指杂草很多。

译文

　　好的地势往往是军队作战取胜的辅助条件，在战场上，将领如果不能准
确地把握地势、地形的特点并加以利用，那么想要取得战争的胜利是不可能
的。高山密林、土丘相连、一马平川的地形，适合用步兵作战；山势高陡、
杂草丛生的地形，适合战车和骑兵作战；在依山临水、狭涧谷深、林木茂盛
的战场上，最适合弓箭手作战；在野草低平、地势平坦、进退自如的战场上，
可以使用长戟与敌军交战；在芦苇茂盛、参差不齐、草木交错的地带，则能
够充分发挥长枪、长矛的优势。

解　读

　　在天时、地利、人和中，依据地利作战是一个比较常见的策略，因为天时具有一定的不确定性，人和也容易受到主观因素的影响，只有地利是相对固定的，军队在作战时，不大可能改变地理环境，一般选择依据当前的地理环境进行排兵布阵。在古代，行军打仗受到地理环境的影响最大。即便到了现在，无论是空军、海军、陆军，都需要对作战地形做详细的了解，从而做出最合理的作战部署。现在的一些侦察飞机、侦察船，都具有绘制地形的功能，目的就是了解作战地区或者潜在的作战地区的地形情况，以便能够提前做好准备。从某种意义上来说，地利仍旧是一个非常重要的作战因素。

　　诸葛亮在《便利》篇中就谈到了对周边环境的合理利用，而地势的运用则是重中之重，所以在《地势》篇中，他特别强调了地理环境、地理位置对作战的影响，并花费笔墨描述了如何在作战中把握地利这个要素，包括适合步兵作战、骑兵冲击和战车前进、弓箭手作战、长戟交战、长枪和长矛作战的地理环境。基本上囊括了古代军队中所有兵种和相关武器的适用情况，对于军队的作战具有非常重要的指导意义。

　　对于地势的了解和利用，并不局限于打仗，现代的商业运作同样需要考虑地理环境的因素，在不同的地势条件下，需要采用不同的经营策略，借助好的地势提高在竞争中的胜率。比如，一家企业在进入不同地区的市场时，会严格遵循当地市场的特点进行经营和管理，有的地方经济发达，产业链非常完善，那么在进入当地之后，会重点联系当地有名的供应商和经销商快速入局；有的地方产业链不完善，想要实现布局很困难，需要重点挖掘和培养供应商、经销商慢慢布局；有的地方地势平坦，靠近海边，交通非常发达，可以作为一个重要的产品销售网络中心；有的地方相对偏僻，多是山地，交通也不方便，此时需要重点提升产品的运输效率，通过更好的服务快速赢得市场的信任；有的地方地势平坦，地广人稀，适合建造大工厂或者储存仓库。

真正会做生意的人，会合理利用地理环境，或者依据不同的地势选择不同的商业经营模式。但地利并不是一个狭义上的地理概念，地理环境也不是单纯的山川河流、地势高低，还包括长期以来在相关地势条件下形成的文化。比如，有的地方崇尚做生意；有的地方喜欢务工；有的地方欢迎外地人；有的地方具有明显的排外文化；有的地方敢于冒险，能够提供创新的土壤；有的地方非常保守，非常排斥新兴产业。不同地区的文化往往会形成不同的企业文化和风格，也会形成不同的产品风格。在不同的地区，企业需要调整自己的设计语言，调整研发和运营产品的思维逻辑，确保企业与当地文化相契合，确保自己的设计理念可以迎合当地的消费者。这种地利对于商业运营来说非常重要，经营者和管理者需要切身感受当地的文化氛围，了解当地流行什么，当地人喜欢什么。

　　很多创业者会依据不同地区的文化制订不同的投资策略，比如，有一家企业打算生产一款新的科技产品，就会在不同的地方做出不同的部署，有的地方适合建造工厂，可以吸引当地更多的劳动力；有的地方非常适合建造研发中心，可以有效地从当地的高校吸收高等人才；有的地方只适合建造产品营销中心，因为当地的消费水准很高，大家都喜欢购买新产品；有的地方可以选择合作经营，减少当地的排外情绪，并让更多的合作商参与进来。

　　对于企业家来说，地利是一个不可忽视的经营要素，想要把握地利，就一定要做好市场调研工作，认真分析不同市场的地理环境、发展状况以及风俗文化，这样才能更好地把握和迎合市场需求，也才能够更好地利用当地的有利条件为自己的发展创造机会。

第三十七篇

情 势

夫将有勇而轻死者，有急而心速^①者，有贪而喜利者，有仁而不忍者，有智而心怯者，有谋而情缓^②者。是故勇而轻死者，可暴也；急而心速者，可久也；贪而喜利者，可遗^③也；仁而不忍者，可劳也；智而心怯者，可窘也；谋而情缓者，可袭也。

注释

① 速：急迫。
② 情缓：优柔寡断，做事喜欢拖延。
③ 遗：赠予。

译文

将领的性格不同，不同的性格会有不同的作战特点：有的将领勇猛顽强，不惧怕死亡；有的将领性情急躁，缺乏耐心，一味追求速战速决；有的将领贪功贪财；有的将领待人仁慈，心肠很软；有的将领智慧出众但是胆量不足；有的将领谋略有余却优柔寡断。所以，对待不同性情的将领要采取不同的策略，对待仅有匹夫之勇的将领要设法激怒他；对待性情急躁没有耐心的将领，要用持久战去消耗他；对待贪图功利的将领，可以用财物贿赂、引诱他；对待仁慈有余威严不足的将领，可以想办法让他在小事上整日奔波忙碌；对待智慧出众但是胆量不足的将领，可以通过猛烈的进攻使他陷入窘迫、害怕的境地；对待足智多谋却优柔寡断的将领，可以用突然袭击的办法使他彻底灭亡。

解　读

　　将领在军队中扮演着最重要的角色，尤其在古代战争体系中，将领的地位和价值更加突出，在正常情况下（君主授权），一个部队的大小事务全都靠这个将领进行决断和节制，君主或者统帅会直接给将领下达军事任务，并且将兵符交给他，让他直接调度军队。在古代军事作战体系中，军队的分工在多数情况下并没有那么明确，一支军队的指挥权限和管理权限基本上都在将领手中，这就直接导致将领的水平决定了军队的作战水平，将领的风格决定了军队的作战风格，一旦将领能力受限，或者将领受伤，那么整个军队就可能面临崩溃，因为军队中做决策的人不在了，下达指令的人也没了，承担最大责任的人也没了，士兵不知道如何继续执行作战任务。

　　正是因为如此，古人一直强调擒贼先擒王的军事策略，在双方正式交战时，一定会想办法拿下对方的主帅和将领，或者直接针对敌方的将领制订作战策略，想办法干扰对方的指挥，引诱对方做出错误的判断和决策，只要打败了敌方的将领，就能够一举击溃敌方的军队，拿下最终的胜利。在这一方面，诸葛亮做了很深的研究，他认为想要打败敌方将领，就要先了解敌方将领的性格特点和平时的作风。

　　比如，有的将领勇猛好战，且不惧怕死亡，这样的将领往往可以带出一支作战能力很强的队伍，可是这样的将领往往只有匹夫之勇，头脑比较简单，因此在作战的时候，应该想方设法激怒对方，让对方冲动行事，最终落入自己布置的陷阱中。

有的将领为人急躁，行军打仗一味求快，缺乏战略耐心。对付这样的将领，可以采用"拖字诀"，争取和对方打持久战，拉长时间来消耗对方的耐心，最终让对方失去冷静。

有的将领贪图功利，好大喜功，和士兵争抢功劳。面对这样的将领，完全可以让人赠送财物贿赂、引诱他，从而腐蚀对方的斗志。

有的将领仁慈有余，但是威严不足，他们做事没有轻重，看起来关爱士兵，但实际上由于管理能力不足，威严不够，根本没有办法约束和规范士兵的行为，经常为士兵身边一些鸡毛蒜皮的小事情浪费精力。面对这样的将领，可以选择给对方制造一些小麻烦，从而让对方每天都将大量的时间和精力浪费在一些无关紧要的小事情上。

有的将领智慧出众但是胆量不足，这类将领一旦上了战场，就容易怯战，往往会因为胆量不够而错失良机。面对这样的将领，只需要持续不断发动猛烈的进攻，用强大的攻势威慑对方，使其丧失斗志。

有的将领足智多谋，可是做事情优柔寡断，属于有好点子但是缺乏实际行动的拖延症患者，这类将领的执行能力偏弱，不善于把握战机，因此在作战的时候，可以采用突然袭击的方法，让对方彻底丧失获胜的机会。

诸葛亮在《情势》篇中谈到的"重点抓将领的性格"，就是一种非常有效的对敌策略。事实上，在现代商业战争中，人们也经常会揣摩对手的相关信息，而关于对手公司管理者的信息至关重要。因为一个企业的发展状况往往和企业实际管理者的性格、能力、思维相关，想要获取竞争优势，就可以从管理者入手，想办法制订针对性的竞争策略，抓住对手的弱点。

比如，S公司发现健康产业越来越受重视，于是打算涉足当地的健康产业，重点推出几款有利于健康养生的纯天然食品，不过公司此前并没有相关的经验，技术优势和经验都相对不足，而其他几家实力雄厚的竞争对手也有意进入这个赛道，其中最大的竞争对手是一家专门销售小零食的公司，这家零食公司拥有成熟的食品加工技术和完整的销售渠道，一旦对方进入市场，S公司将没有太大的机会赢得竞争，所以必须想办法将这个强大的对手阻挡在市场之外。

　　S公司的项目负责人得知零食公司的老总是一个非常谨慎胆小的人，如果没有十足的把握，不会轻易采取行动，于是就故意让人放出风声，说这一行业的技术门槛太高，产品成本不断增加，而消费者的消费意愿并不高，导致S公司已经连续两年出现亏损，目前正打算退出市场。不久之后，零食公司得到了这一消息，小心谨慎的零食公司的老总认为自己目前在现有的小食品领域已经坐稳了头把交椅，没有必要再冒险做纯天然的健康食品，等到时机成熟后再涉足该产业也不迟，于是放弃了进军健康食品产业的想法。S公司为自己争取了更好的发展空间，在之后的两年时间内迅速做大做强，成功占领了当地的健康食品产业市场。

　　需要注意的是，在现代商业竞争体系中，人们必须明白一点，一家企业的管理者并不是完全不可或缺的，有的企业中，企业家的地位非常重要，几乎就是一个人支撑一家企业，这样的企业往往非常脆弱，只要想办法破坏企业家的正常经营管理活动，引诱对方做出误判，那么这家企业所建立起来的优势与壁垒就会快速坍塌，企业的竞争力会快速消失。可是对于那些优秀的公司而言，由于拥有完善的管理体系和企业文化，也成功建立了自己的"护城河"，具备出色的战略规划能力和非常优秀的团队，即便企业家或者实际管理者被打败了，企业往往也能快速反应过来，整个管理团队会及时做出调整，这样的团队往往会按照既定的目标、规划和原则行事，竞争者仅仅针对管理者大做文章，还是很难彻底击垮它的。

第三十八篇

击 势

古之善斗者，必先探敌情而后图之。凡师老粮绝，百姓愁怨，军令小习①，器械不修，计不先设，外救不至，将吏刻剥②，赏罚轻懈，营伍③失次④，战胜而骄，可以攻之。若用贤授能，粮食羡余，甲兵坚利，四邻和睦，大国应援，敌有此者，引而计之。

注释

① 小习：很少学习，这里指生疏。"小"为通假字，通"少"。
② 刻剥：侵占、剥削。
③ 营伍：队伍。
④ 次：秩序。

译文

古代善于用兵的将领，一定会先打探敌人的情况再采取相应的对策。一旦敌人出现了下列情况，就可以针对性地发起进攻：军队长期征战，身体疲乏，失去锐气，粮食供应不上；百姓对战争怨声不断，国家丧失民心；士兵不熟悉军中的各项法令，武器装备年久失修，行动作战没有任何计划可言；战时孤立无援，救兵迟迟不出现，军官对部下刻薄无度又暴敛资财；赏罚不清，轻率随意，阵营混乱，没有秩序；偶尔取得一点成绩就骄傲自大。

如果敌军选贤任能，人才济济，粮饷充足有余，百姓生活安定，铠甲坚固，兵器锐利，而且和周边国家保持和睦友善的关系，随时都有大国做后盾，这时，就不能鲁莽发起进攻，而应设法避开敌人的锋芒，从长计议。

解 读

一个善于打仗的将领，绝对不会草率地向敌人发起攻击，而是先安排探子查清楚敌军的基本情况再做定夺。在优秀的将领看来，是否应该发起进攻，并不完全取决于军队做了哪些准备，拥有多少士兵，囤积了多少粮草，配备了多少先进的武器装备，部队拥有什么样的气势，还取决于敌军的状态如何。诸葛亮就非常注重对敌军进行分析，他认为作战之前，不仅自己要做好准备，还要看敌军是否做好了准备。

如果对方因为长期征战而导致国库空虚，士兵疲惫不堪，那么就表明对方的战斗力低下，己方可以选择合适的时机发起进攻；如果敌国出现了内乱，百姓对政府的统治不满，国家丧失了民心，那么就可以适合发起进攻，因为敌军严重内耗且已经无法获得足够的支持；如果敌军内部管理废弛，士兵不遵守指令，武器装备不注意维护和更新，军事行动毫无计划可言，此时敌军内部涣散，根本不具备作战能力，那么就可以发起进攻；如果一支队伍在作战时孤立无援，而将领苛刻和剥削部下，那么表明这支部队不得人心，失去了大家的支持，此时正是进攻的好时机；如果一支部队赏罚不严，有失公允，缺乏秩序，那么很快就会出现内乱，这个时候趁机从外部进攻，可以更轻松地击垮它；如果一支军队缺乏定力，取得了一些小成就就骄傲自满，目空一切，那么很有可能会在战场上犯错，此时也适合对其发起进攻。

相反，如果敌国军队能够选贤任能，内部人才济济，粮饷也非常充实，百姓安居乐业，装备精良，更重要的是，它与周边国家的关系非常和睦，拥有大国作为坚实的后盾，这样的国家不仅实力雄厚，而且拥有强大的外援，可以说进攻能力和防守能力都是一流的，这样的国家不适宜作为攻击对象，想要对付它，绝对不能贸然采取行动，需要从长计议，想办法避开它的锋芒。

探查敌情是竞争的重要步骤，这是了解对手，针对对手制订合理策略的关键，对于一个优秀的竞争者来说，他绝对不会贸然采取行动，会千方百计做好准备工作，而探查信息就是准备工作中的一部分，竞争者需要了解自己的对手，自己是否有机会战胜他，是否可以发起进攻，是否应该暂避锋芒。

企业之间也存在竞争关系，比如，三星公司与索尼公司存在竞争，微软公司和苹果公司存在竞争，阿里巴巴也和京东、腾讯、拼多多等公司存在竞争，在处理竞争关系时，企业家们往往不会盲目发动进攻，而是先重点了解对方的实力，了解对方的竞争状态。这里涉及很多内容，如企业的发展规模、企业在市场上的地位、企业文化、企业的管理水平、企业的人才数量和质量、企业的资源、企业的战略定位等。只有更加充分地了解对手，才能够避免在竞争中犯错。

国内某互联网公司在成立之初，一直就期待着可以在竞争激烈的电商市场占领一席之地，可是在该公司成立时，市场已经被两三家超级公司垄断了，企业想要发展，要么在夹缝中求生，要么直接对抗那些巨无霸企业。该公司发现，其他互联网公司已经占领了传统电商市场，自己想要走出一条电商道路，压力非常大，选择直接对抗肯定不行，毕竟双方的差距过大，体量也不在一个等级上，而且对方的经营管理体系非常成熟，企业文化也很优秀，如果选择对抗，自己将会毫无优势，恐怕在很短的时间内就会被迫认输。所以最好的办法就是另辟蹊径，在另外的赛道上进行对抗，经过分析，这家公司设计出了"让别人参与砍价"和"拼团"的购买模式，开辟了新的电商模式，结果短短几年时间内，企业迅速发展壮大，成了新的电商巨头。

竞争的本质就是扬长避短，用自己的优势攻击别人的弱点，这样就可以制造能量差，增加竞争的成功率。所以从一开始就需要弄清对手的状态，找出对手身上的缺点，看清对方是否处于绝佳的竞争状态，了解对方是否足够强大，然后只需要等对方虚弱的时候发起进攻。

整 师

第三十九篇

夫出师行军，以整为胜。若赏罚不明，法令不信，金①之不止，鼓之不进，虽有百万之师，无益于用。所谓整师者，居则有礼，动则有威，进不可当，退不可逼，前后应接，左右应旄②，而不与之危。其众可合而不可离，可用而不可疲矣。

注 释
① 金：古代军队中用以指挥停止或撤退的锣或其他金属制品。
② 旄：古代竿头上饰有牦牛尾的旗帜，这里指旗帜。

译文

军队作战，需要保持良好的军容军纪，这是军队取胜的关键。如果将领对部下赏罚不公，将领的命令不能让部下信服，士兵不服从指挥，该进时不进，该止时不止，那么即便是有百万大军，也发挥不了任何用处。所谓部队的军容军纪，是指驻留时遵守规矩，行动起来威武有势，进攻时锐不可当，后退时则让敌人不敢贸然追击，部队能前后相顾，列队时左右呼应，保持一致，服从指挥调度，这样一来，军队就很少遇到危险的局面。这样的部队内部团结一心，不会离心离德，士兵在战场上英勇作战而不会疲劳不堪。

　　一支军队的作战能力取决于什么呢？通常情况下，人们会认为一支军队的战斗力取决于有多少士兵，士兵是否骁勇善战，是否拥有一个强大的领袖，是否具备精良的武器装备，是否具备充足的粮饷。可是从实际的作战能力来看，军容军纪反而更能够体现出军队的素养和作战水平，因为军队的作战能力往往强调整体的作战水准，那么如何才能体现出团队的整体性呢？

　　最直观的就是纪律，假设一支军队内部管理不到位，士兵不遵守纪律，更不服从上级的指令，将领也公然违反内部的规定，加上内部赏罚不公平，任人唯亲，使得整个军队失去了公正和公平，那么整个队伍就会陷入松弛、低效、分裂的状态。而这样一支部队，即便拥有最精良的装备、最强悍的士兵、最好的计谋，可是上了战场，大家各司其职，没有人服从指挥，也没有人愿意在战场上相互配合，导致军队根本无法形成一股合力共同抗敌。

　　正因为如此，诸葛亮一直强调军容军纪的重要性，在他看来，军容军纪就是军队文化的体现，是刻在军队基因里的东西，一支懒散的、不讲纪律的、没有公平可言的部队，是没有作战经验和作战意识的。诸葛亮还对军容军纪做出了详细且具体的解释，认为军容军纪就是部队在驻扎时遵守纪律，行军打仗时阵形威武，进攻时勇猛无敌，后退时井然有序，使得敌人不敢贸然追击。军容军纪整齐的部队，士兵们服从指挥，彼此之间完美协作，所以在列阵对敌时首尾可以互相照顾，左右也能够相互呼应，完全就是一个整体。这样一支整体性很强的军队，在战场上可以保持上下一心，将领和士兵完美协作，士兵们愿意服从指令，奋勇杀敌，激发出强大的作战能力。

　　军队应该有军队的样子，应该有能打胜仗、敢打胜仗的风范，这就是一支优秀军队必备的底蕴。从团队建设的角度来分析，想要打造一个优秀的团队，一定要注意打造良好的形象和文化，团队成员之间团结一心，彼此协作，大家在作战时各司其职，同时又相互配合，相互扶持。不仅如此，无论是员工，还是管理者，都要遵守纪律，面对竞争对手时，能够一致对外，并表现出强大的竞争力。这样的团队往往拥有强大的气场，可以有效地震慑其他对手。

某公司连续多年面临亏损，在市场上的影响力一落千丈，董事会不得不更换首席执行官，可是接连换了三任，效果都不明显，公司依然存在很大的问题。公司又从外部引进更多的优秀人才，但最终也没有起到什么效果。董事会于是向一家管理咨询公司求助，要求对方给出一些建议。咨询公司派来的负责人和咨询师经过几天的巡查和调研，发现公司最大的问题并不是人才层次低、技术水平不行，也不是资源不足，而是企业明显缺乏气场。

咨询师发现这家企业的员工经常迟到，管理者下达的指令落在执行环节时，也经常会打折扣，而且明显有滞后现象，员工的工作意愿不强，工作态度也不好。此外，咨询师发现一个问题，那就是当公司内部下达一条指令或者推进一个项目时，负责项目的部门往往处于单打独斗的局面，其他部门没有提供任何帮助，有时候连一些简单的信息共享也做不到，各部门之间各自为政，内部壁垒高筑，导致办公效率非常低。

找出问题后，管理咨询公司迅速制订了方法，给出了合理的解决方案。董事会下令重新组建管理团队，各层级管理者来了一次大换血，从而打破了原有的"小山头主义"。公司还迅速成立了一个信息共享平台，任何部门、任何员工都可以在平台上寻求帮助，如果有人发出请求，而其他部门拒绝提供信息分享，那么将会遭到公司的严惩。接着公司又强化了制度管理，明确规定那些不遵守纪律、破坏制度和规则的人，将会遭到公司的严惩。比如，如果员工对公司下达的任务随意拖延，就会影响其年度绩效考核的分数，如果拖延时间超过5%，那么相关任务的负责人和执行者将会被扣除当月奖金。经过整改，公司的面貌焕然一新，在短短几个月时间内，销售额同比增长了300%，年销售额和净利润更是突破了历史峰值，企业在市场上的排名也比上一年度有了不少的提升。

有人说，一个好的团队应该有猴子的机敏，老虎的凶猛，鹰的锐利，狼的团结和纪律，只有把"精气神"提上来，才能够推动团队的发展，充分发挥出团队原有的资源优势，并确保团队价值最大化。

第四十篇

厉 士

夫用兵之道，尊之以爵，瞻①之以财，则士无不至矣；接之以礼，厉之以信，则士无不死矣；畜恩②不倦，法若画一③，则士无不服矣；先之以身，后之以人，则士无不勇矣；小善必录，小功必赏，则士无不劝矣。

注释

① 瞻：仰望、敬仰。
② 畜恩：给予恩惠。
③ 画一：整齐划一，指一视同仁。

译文

将领带兵打仗的基本原则，就是对待自己的部下的时候，要委之以高位，并用钱财封赏、犒劳他们，这样就可以吸引更多的人前来投奔；对待士兵时以礼相待，以忠诚信义来鼓励部下，这样部下就会拿出舍生忘死的决心参加战斗；经常对部下施以恩惠，赏罚公正严明，执法时一视同仁，这样就一定会赢得部下的信服、敬佩；作战中身先士卒，冲锋陷阵，在撤退时主动掩护士兵先撤，这样部下就一定会英勇作战；部下的一些好的行为一定要及时记录在册，部下的小功劳也要及时给予奖赏，这样一来，部下必定会积极向上，互相劝勉，保持昂扬的斗志。

在传统的管理体系中，管理者通常会依靠手中的权力强迫员工做出承诺，为自己服务，但随着思想的解放和社会关系的变化，越来越多的管理者意识到主观上强调的权力与压迫并不能取得自己想要的结果。对于那些致力于打造更为强大的领导力以及更为稳定和谐的社会关系的人来说，一个完全依靠行政地位和权力来维持自身影响力的体系已经落后于时代的要求，在组织、团队或者某个群体内，管理者必须转变其原有的监管模式，必须让自己的领导力变得更为纯熟、多变，而促成这种变化的一个最重要的模式就是激励（这里主要强调正向激励）。

激励的本质是利益取向的问题，如果团队成员对自己所做之事能够获得什么好处都不清楚，或者说团队无法满足内部成员的需求，那么就容易影响团队成员的工作效率。诸葛亮在《厉士》篇中谈到了军队内部的激励问题，他认为一支军队想要保持强大的战斗力和旺盛的斗志，那么就要懂得刺激士兵，而刺激的直接方式就是激励，比如，让立下战功的士兵获得官位，给那些表现出众的将军和士兵更多的物质奖励，以此来吸引更多的人才加入军队，并激发出他们的战斗意志。这种激励不仅仅局限在物质奖励，一些精神上的奖励也很有必要，将领需要想办法鼓励部下，尊重部下，保护部下，让他们感受到来自高层的尊重，从而产生更强烈的自我认同感。

诸葛亮的激励政策具有普遍意义，在其他组织和团队中同样适用。如果人们细心观察和分析就会发现一个现象，很多公司内部的员工之所以情绪低落，斗志不强，很大一部分原因就是激励不到位。比如，公司并没有制订太多的激励政策，员工完成任务之后只能拿到基本工资，也就是说，无论干多干少，员工的薪资都是一样的，此时，他们的积极性必定大打折扣，工作效率低下也就成为一种必然。又比如，公司制订的激励政策模棱两可，执行者不知道自己完成任务之后会获得何种奖励；一些团队内部的激励体系非常复杂，奖金的计算方式让人摸不着头脑，这样一来，执行者很难知道自己将会在任务中受益多少，因此很难被激励措施打动。

有家快递公司每天晚上都会将所有的包裹从仓储中心快速运送出去，如果整个运送过程不够迅速，那么公司的相关系统就容易出问题。在最初的时候，这家快递公司的工作效率并不高，员工们经常消极工作，以致包裹经常出现滞留和延迟，公司的整个运行系统遭到严重破坏，公司的形象也随之受损。管理者不断给员工下达指令，并且尝试着给员工进行道德教育，让他们忠于自己的职业和工作，可是情况并没有任何好转。有人提出给员工加薪，可是政策实施了一段时间之后，效果并不明显。此时，一名主管给管理者提了一个很简单的建议：运输包裹的员工往往都在上夜班，本身就很累，想要激发他们工作的积极性，最直接的办法就是提高夜间工作的工资，公司必须给夜班员工相应的加班费，加班费可以按具体的工作时间来计算。经过这一次的薪资改革，快递公司的工作效率果然得到了质的提升。

激励是企业管理中的一种常见方法，也是一种非常实用的管理方法，毕竟员工工作就是为了拿到更高的工资，就是为了获得更好的发展机会，甚至实现自我价值，企业必须想办法满足员工不同层次的需求，同时通过有效的激励引导员工自觉行动，为企业的发展出工出力。

一般来说，激励包含了物质奖励和精神激励，常见的物质激励包含了薪水、奖金、福利、职位升迁，以及一些生活中的关注关怀。管理者必须让员工感受到物质上的满足，保障他们的生活需求，满足他们追求更高品质生活的愿望。精神上的激励更多的是一种情感上的满足，可以有效激发员工的存在感、认同感，这种激励模式一般以赞美、鼓励为主，管理者需要明确告诉员工"你们的工作做得很出色"，并且让员工感受到企业对他们的需要和重视。

需要注意的是，管理者应该尽量避免使用单一的激励方式，单一的物质激励往往只能满足员工的薪资需求，一旦员工产生了更高层次的需求，希望获得更多的尊重和认同，并且产生了自我价值实现的需求，管理者就需要提升激励的层次，将物质激励和精神激励结合起来。通过物质和精神上的综合激励，往往可以更好地激发各个层次员工的信心，并唤醒员工对某个目标的期望。

自 勉

圣人则天，贤者法地①，智者则古。骄者招毁，妄者稔②祸，多语者寡信，自奉③者少恩，赏于无功者离，罚加无罪者怨，喜怒不当者灭。

注释

① 法地：以自然为法则。
② 稔：事物积久养成。
③ 自奉：自我享受。

译文

但凡圣人都崇尚天道，贤明之士则推崇自然法则，而有智慧的人则以效法古代贤者为自己的立身之道。骄傲自大的人注定招来毁谤，狂妄无知的人则极易遭遇祸患，夸夸其谈的人没有诚信可言，自私自利的人对待他人薄情寡义，身为将领，如果奖赏无功之人肯定会被部下离弃，惩罚无罪的人则会引起大家的怨恨，而喜怒无常的人，最终难逃灭亡的厄运。

一个将领应该有自己做人做事的原则，与人相处的时候需要注意自己的言行，需要按照更高的标准执行自己的管理工作。诸葛亮认为，优秀的人会遵从天道，尊重自然规律，也会从先辈们那里学习为人处世的方法，所以他们能够约束和规范自己的言行，避免在领兵作战的时候犯下错误。在《自勉》篇中，诸葛亮谈到了七种比较常见的错误，那就是骄傲自大、狂妄无知、夸夸其谈、自私自利、赏无功之人、罚无罪之人、喜怒无常。

骄傲自大一直都是将领的大忌，作为一支军队的实际管理者，将领必须对整个军队负责，必须在战场上保持更加严谨的状态，认真对待每一个敌人，认真对待每一次的战役，绝不能过分自信，更不能轻视自己的对手，否则可能会让军队遭受灭顶之灾。

狂妄无知是第二宗大罪，狂妄无知的将领往往自以为是，自以为可以掌控局势，自以为掌握了所有的重要信息，但由于内心托大，没有对战争的相关情况做一个更加清晰明确的了解，也没有对敌我双方的实力做出合理的评估，对于一些战略战术也不清楚，贸然领兵进攻，可能会遭遇意想不到的危机。

夸夸其谈是第三宗大罪，夸夸其谈的将领可能表面上会关心士兵，向士兵描绘一个美好的蓝图，向士兵构建一个远大的理想，但他们并不是实干家，也缺乏实干的能力，所以制定的目标和许下的诺言多半都不能实现，对于将领来说，这样的失信行为无疑会让他们失去士兵的信任和尊重，他们的威严和领导力都会受到影响。

自私自利是将领身上最不应该出现的一宗罪，将领虽然是军队的指挥者和管理者，但整个军队并不是将领一个人的，士兵才是整个军队的主体，他们才是奋勇杀敌、创立战功的主要执行力量，如果没有士兵，将领的能力再强大，也无法对抗强大的对手。正因为如此，将领必须善待士兵，不要将所有的利益和功劳都占为己有，不要苛刻地对待和剥削士兵，要懂得分享利益和功劳，让士兵真正融入军队中。

赏无功之人往往表明将领是一个任人唯亲的管理者，他们做不到任人唯贤，挖掘不出军队内部的人才，更不善用人才，一味搞小团体主义，只想着培养自己的人，满足自己人的利益，最终破坏内部的公平体系，这样容易失去士兵的信任，大家不再愿意为他征战，此时就容易引发内部的分裂。

罚无罪之人则表明将领不辨是非，甚至具有暴虐的倾向，这一类将领往往过分看重手中的权力，并渴望利用权力彰显自己的地位，一旦遇到有人与自己的意见相左，或让自己不满意的行为，就可能会平白无故地惩罚他人，从而造成内部的恐慌，最终导致将领离心离德。

喜怒无常更多地表明将领的情绪控制出了问题，他们缺乏情商，不能控制自己的情绪，在军队内部恣意妄为，士兵也捉摸不透。喜怒无常的将领很容易在管理和指挥时对士兵造成误伤，也很容易在决策中意气用事，做出错误的决策，落入敌军的陷阱。

正因为这几个错误很容易导致军队的覆灭，将领在指挥、管理军队时必须严格要求自己，约束自己的言行举止，避免对军队产生负面影响。从团队管理的角度出发，管理者的言行举止对于整个团队的影响非常大，一些错误的行为不仅会直接伤害员工的感情，破坏员工工作的积极性，还会对整个团队的体系产生很大的破坏力。

比如，很多企业家从创业之初就把企业当成自己的私人财产，认为雇用员工创造价值就是为了满足自己的愿望，为自己创造收益，正因为怀有这样的想法，很多企业家总是表现得自私自利，对员工非常苛刻，不愿意给予员工太多的激励，很少关心员工的生活。对于企业家而言，员工本身就是一个负责给自己挣钱的工具人，何况自己已经支付了相应的工资。一旦企业家产生了这样的想法，整个团队的凝聚力就会丧失，员工就会失去归属感。

又比如，有的管理者在平时的工作中表现得独裁且自大，不允许员工提出反对意见，不允许员工参与决策，员工要做的就是无条件地执行，这种人一般都自以为是，喜怒无常，独断专行，平时还喜欢夸夸其谈，很容易在工作中做出一些错误的决策。

至于那些赏罚不公的管理者，同样会破坏企业内部的管理机制，假设一家企业内部的赏罚制度缺失，或者赏罚完全依照管理者个人的喜好决定，那么员工最终会对管理者的权威失去信心，消极应对工作。

以上只是管理工作中几种常见的错误和不足，而无论是什么错误和问题，管理层都需要重视起来，管理者必须约束自己的行为，提升自己的管理意识和素养，确保自己不会在管理中陷入困境。

战 道

夫林战之道，昼广旌旗，夜多金鼓，利用短兵，巧在设伏，或攻于前，或发于后。丛战之道，利用剑楯，将欲图之，先度^①其路，十里一场，五里一应，偃戢^②旌旗，特严^③金鼓，令贼无措手足。谷战之道，巧于设伏，利以勇斗，轻足之士凌其高，必死之士殿其后，列强弩而冲之，持短兵而继之，彼不得前，我不得往。水战之道，利在舟楫，练习士卒以乘之，多张旗帜以惑之，严弓弩以中之，持短兵以捍之，设坚栅以卫之，顺其流而击之。夜战之道，利在机密，或潜师以冲之，以出其不意，或多火鼓，以乱其耳目，驰而攻之，可以胜矣。

注释

① 度：分析。
② 戢：收敛，收藏。
③ 严：紧密、无缝隙。指隐藏得很好。

译文

军队在森林中作战的方法是：在白天以旌旗作为主要的指挥工具，夜间用铜钲、战鼓进行指挥，交战时以短兵为主，可以巧妙地设置各种埋伏，有时进攻敌人的正面，有时进攻敌人的背面。在草丛中作战的方法是：充分利用刀剑、盾牌等武器装备，与敌人正式交锋之前，事先调查好敌人的行军路线，十里一大哨，五里一小哨，把所有的旗帜隐藏起来，把铜钲和战鼓藏好，当敌人经过时，打他们一个措手不及。在两山之间的谷地作战，采用的方法是：巧妙设置埋伏，便于迎敌格斗，让身手矫捷的士兵站在高处，让不怕牺牲的士兵切断敌人后路，先让弓箭手向敌人猛烈射击，接着让刀斧手手持兵器与敌人短兵相接，这个时候使敌人瞻前顾后，难以逃离战场。在水上作战的方法是：充分发挥船只的作用参战，训练士兵掌握各种水战技巧攻击敌人，在船上插满旗帜用来迷惑敌人，用弓弩猛烈地向敌人发射，接着手持刀剑与敌人近战，还要在水上埋设栅栏防止敌人入侵，顺流而下攻击敌人。在夜间作战的方法是：夜战主要以安静、隐秘为主，可以秘密地派部队偷袭敌人，达到出其不意，攻其不备的效果，也可以用火把、战鼓混淆视听，影响敌军的判断，扰乱他们的心智，用最快的速度攻击敌人，取得最终的胜利。

解　读

在《心书》中，诸葛亮曾多次谈到对各种条件和环境的应用，尤其是对地形、地势的合理利用，对各种武器的合理使用，对不同兵种的合理安排，在他看来，部队作战需要因地制宜，需要合理利用周围的环境和自身所具备的条件。在《战道》篇中，诸葛亮分别谈到了森林中作战的方法、草丛中作战的方法、两山之间谷地中的作战方法、水上作战的方法、夜间作战的方法，里面涉及了战术的安排、部队的排兵布阵、部队指挥的方法、兵器的灵活使用和搭配、工具的运用、军队的伪装和隐藏，确保整个军队始终保持最佳的进攻状态。

《战道》篇中更多地强调了不同条件下战术的灵活使用，具有很好的指导意义，需要注意的是，在历史中，诸葛亮并不算是真正意义上的军事家，但是他有一定的军事知识储备，通晓一些常规的军事指挥和军事作战知识，像《战道》篇中的战术安排就是最好的例子。在他看来，军事作战并不是常规军事力量的直接比拼，不是兵强将广的一方一定会取胜，也不是装备越精良的部队一定会赢得胜利，战争需要更多的谋略来支撑，需要更多的战略、战术安排。而谋略或者战术的实施往往需要依赖当前的环境，利用各种条件制订合理的作战方式，比如，依赖地形优势制订策略，依赖黑夜奇袭对手，依赖各种兵器进行有效配合。总而言之，谋略的制订和实施需要人们合理利用周边的环境和条件。

《孙子兵法》中曾提到"兵无常势，水无常形"的说法，行军打仗本身就没有一种固定的形式和方法，要懂得因时因地做出改变，用兵的谋略和方法必须灵活多变，与现实情况和客观环境融为一体。

明代思想家、军事家王守仁（王阳明）说过："兵无定势，谋贵从时。苟势或因地而异便，则事宜量力以乘机。"他还认为军事上没有固定不变的态势，最好的谋略往往都是契合当时的实际情况，从具体的客观环境出发，依赖当时的条件设计出来的。行军打仗是这样，在商场、职场上也是如此，一个优秀的企业家，一个优秀的管理者，不会受缚于某一种经营管理方法，也不会僵化地执行某一种模式，更不会固守某一种体系，在他们看来，想要管理好团队，想要在激烈的竞争环境中生存下去就要保持灵活性，无论制订什么战术，无论采取什么谋略，要依据具体的情况做出适当的变动，绝对不能照搬和复制某一种模式。

比如，某企业在 A 市场取得了成功，该企业的管理者通常就会将 A 市场上的经营方法、经营理念、团队结构、管理模式、竞争策略、战术安排完全复制到 B 市场、C 市场甚至更多的新市场上，这种简单粗暴的管理模式往往会产生一些反作用，原因就在于每一个市场的环境各不相同，包括地理环境、竞争环境、市场成熟度、员工的素养和适应能力都不相同，在经营和管理不同的市场时，必须做到因地制宜，坚持一切从实际出发，采用最适合当地环境的战略战术，使用最接地气的管理模式，这样才能把市场做大、做强。

正因为如此，企业家和管理者必须打破思维惯性，突破常态化的操作模式，按照当时当地的条件和环境，合理运用自己的管理能力和谋略，提升管理的效率。

第四十三篇

和 人

夫用兵之道，在于人和。人和，则不劝自战矣。若将吏相猜^①，士卒不服，忠谋不用，群下谤议，谗慝^②互生，虽有汤、武之智，而不能取胜于匹夫，况众人乎。

注释
① 猜：猜忌、起疑心。
② 谗慝：指邪恶奸佞之人。

译文

将领领兵作战，要注意打造一个团结和睦的氛围，将士之间团结合作，心意相通，和睦共处。做到了这一点，将领即便不激励、不下达命令，士兵也会主动在战场上奋勇杀敌。如果将官相互猜忌，互不信任，士兵不服从指挥，有谋略的人得不到重用，士兵在背后议论纷纷，奸佞小人妖言惑众，那么即便有商汤、周武王那样的智慧，也不能打败一个平常人，更别说对付人数众多的敌军了。

在《和人》篇中，诸葛亮重点谈到了人和这个要素，与天时、地利这两个要素相比，人和的重要性可能更为显著，其价值在具体的执行过程中往往更容易凸显出来。什么是人和？简单来说，就是构建一个团结和睦的氛围，在这个氛围中，大家可以和睦相处，可以互敬互爱，彼此之间不会制造麻烦，更不会发生激烈冲突，大家处在一个互帮互助、共同进退的状态中。

那么如何才能打造一个人和的氛围呢？诸葛亮没有明说，他只是从反面举例，强调了一些破坏人和的不当行为和不良的管理现象。比如，官员们相互猜忌，不能相互配合作战；士兵不服从指挥，将领下达的命令没有人遵从；军队内部腐败现象很多，有能力的人无法获得提拔和重用，那些只会溜须拍马、陷害忠良的小人反而步步高升；内部谣言四起，大家人心惶惶。

关于人和的问题，经常在国家治理、军队管控、企业经营管理中遇到，同时也是最大的问题。很多企业陷入低效作业状态，并不断衰退，往往都和内部缺乏"人和"有关，由于大家不能同心协力，团队的发展显得非常吃力，员工也不愿意竭尽全力执行任务。而那些发展势头很好的团队，往往在人和上做得很到位。诸葛亮认为，在人和的状态下，整个军队就会变成一个大家庭，所有的家庭成员都可以自觉行动，即便将领没有下达任何指令，他们也能够在战场上奋勇杀敌。可以说，人和的氛围和状态，可以真正解放管理者的双手，并最大限度地释放员工的价值，这样的团队往往具有更大的自主性。

比如，真正能够做到人和的企业，往往非常优秀和高效，他们并不是单纯地依靠管理权力来驱动，而是像蜂群一样，拥有蜂群一样的运作模式，换句话说，整个企业就像蜂巢一样。那么什么是企业运营的蜂巢模式呢？众所周知，每一个蜂巢中都存在一只蜂王，几乎所有的蜜蜂都围绕蜂王行动，只要蜂王消失，蜂群很快就会解散，尽管如此，但令人感到惊奇的是，整个蜂巢中没有一只蜜蜂是被蜂王控制的，蜂王并没有给其他蜜蜂发号施令，让它们坚守各自的岗位，做好各自的工作。

推动蜂群井然有序运行的秘诀在于蜂巢中存在着一只"无形的手"，确保所有的蜜蜂都可以各司其职，保持巧妙的分工与统一，所有的蜜蜂就像是遵守某种约定一样，自主行动，根本不需要什么指令就可以做好相关的工作，并与其他蜜蜂配合得天衣无缝。蜂巢模式正在被越来越多的企业所应用，他们也希望打造一个没有绝对核心、没有中心的控制体系，可以确保团队中的所有人自主行动且做到相互配合。

那么蜂巢模式究竟是依靠什么来驱动的呢？从本质上来说，就是共同的发展目标。当团队中的所有人都拥有同一个目标时，就会产生强烈的归属感和荣誉感，就会在工作中表现得非常主动，根本不需要管理者下达指令，他们就会主动发现问题并解决问题，而且所有的成员都会团结合作，彼此之间给予足够的帮助和支持。可以说，一个优秀的团队，不仅依靠指令来驱动，更需要一些共同的信仰、共同的文化、共同的目标来驱动，整个团队不是某个管理者指挥一群人去工作，而是一群人为了做成某一件事，为了实现某一个远大的目标而聚在一起奋斗，所有人的节奏都是一样的，方向是一致的，行为也是同步的，他们更喜欢相互合作。

但是，想让团队成员产生更强烈的归属感，想让所有人追逐同一个目标，首要的是创建良好的工作氛围和企业文化，管理者必须从一开始就引导员工和睦共处，相互合作，心意相通，同时，管理者需要善待每一个员工，把员工当成团队的一分子，给予他们更多的尊重和奖励，赋予他们更大的权限，提供他们更大的发展平台和更好、更多的发展机会。

只有全心全意善待员工，将员工当成自己人，员工才会对团队产生归属感，才会对自己的工作产生责任感和荣誉感。反过来说，如果一个团队中的人都自私自利，为了满足私利而罔顾团队的发展目标，管理者之间相互猜忌，员工之间互不理睬，上下级之间没有什么交流，所有人犹如一盘散沙，没有任何斗志，也没有任何协作意识，那么整个团队就会陷入混乱和低效的状态，管理者即便下达指令，员工可能也不会服从，此时，团队连最基本的生存机会都很难把握，更别说努力发展了。

察 情

夫兵起而静者，恃其险也；迫^①而挑战者，欲人之进也；众树动者，车来也；尘土卑而广者，徒来也；辞^②强而进驱者，退也；半进而半退者，诱也；杖而行者，饥也；见利而不进者，劳也；鸟集者，虚也；夜呼者，恐也；军扰者，将不重也；旌旗动者，乱也；吏怒者，倦也；数赏者，窘也；数罚者，困也；来委谢^③者，欲休息也；币重而言甘者，诱也。

注释

① 迫：逼近。
② 辞：言辞、说话。
③ 委谢：低声下气求和。

译文

将领领兵打仗需要根据具体的情况做出判断。如果敌人在与我军争战时一直按兵不动，那么一定是凭借了险要的地势；如果敌人不断地向我军发起挑衅，一定是想引诱我军率先出击；看到大片的树木无风而动，一定是敌人的大批战车驶来；看到大面积的尘土低飞，一定是敌人的步兵正在奔袭；当敌人摆开阵势，强硬地表态向我军进攻时，一定是在准备撤退；当敌人忽而前进，忽而后退时，一定是在引诱我军发起进攻；发现敌军扶杖而行、步履蹒跚，敌人一定已经饥渴难忍；发觉敌人没有把握有利的时机发起进攻，则表明敌人已经非常疲劳，根本无力进攻了；当看到飞鸟在敌军的阵地飞来飞去，则表示敌军已经开始离开阵营，内部空虚；当夜间听到敌军阵地喧哗吵闹的声音，则表示敌人产生了恐惧畏战的情绪；当发现敌军纪律涣散，混乱不堪，表明敌军主将失去威严，无法控制好军队；当发现敌军的旗帜摇动时混杂纷乱，表明敌军内部混乱；当敌军的将、官动不动就对士兵发怒，则表明他们对战争已经感到厌倦和无助，对取胜已失去信心；当发现敌军频繁奖赏士兵，表明敌军已经陷入困境；当敌军频繁处罚士兵时，表明敌军内部已经失控，主帅已经无力扭转内部混乱局势；当敌人派遣使者低声下气地来求和时，则表示敌军想要停战；如果敌人送来贵重物品，并说尽甜言蜜语，则表示敌军想要通过贿赂私下讲和。

解 读

一个优秀的将领，不仅应该拥有出色的军事素质、强大的头脑和冷静的思维，同时还应该具备丰富的经验和作战的判断能力，他们在战场上会注意随时观察局势变化，同时针对这些变化做出准确的判断，然后制订合理的策略。诸葛亮认为，将领打仗不能意气用事，一定要利用丰富的经验和出众的头脑进行判断，理性分析局势，制订更合理的策略。在《察情》篇中，他谈到了几种常见的现象。

比如，如果敌人按兵不动，那么一定是守住了险要地势，此时不宜鲁莽发起进攻，以免吃亏。

如果敌人频繁挑衅，那就表明他们非常渴望激怒对手，想要诱敌深入，此时千万要沉住气，不要意气用事。

如果无风的时候林中有大面积异动，那么多半是敌人的战车，这个时候就要评估自己的实力，是否能够抵挡住对方大队伍的进攻。

如果敌军阵地出现大面积的尘土飞扬，表明敌人的大部队往这里行进，此时要重新制订合理的作战方针。

如果敌军没有把握住最佳的进攻时机，那么对方很有可能已经很疲劳了，根本无力进攻，这个时候就需要趁机拿下对方。

如果敌军的阵地有飞鸟盘旋，那是敌军撤退和迁徙的表现，此时或许可以趁其空虚时大举入侵。

接下来，诸葛亮又分别从夜间敌军阵地的吵闹声、敌军军纪涣散、敌军旗帜摇动混乱、敌军内部混乱、敌军将领易怒、敌军频繁犒赏士兵、敌军频繁惩罚士兵、使者低声下气求和、敌军送来贵重物品等现象分析敌军面临的具体情况，然后做出精准的判断。诸葛亮认为，敌军的任何行为和举动都不是无缘无故发生的，一定有它的内在动机和原因，只要认真分析形势，就可以从中摸索出敌军行为背后到底发生了什么，然后通过这种判断制订合理的策略。

保持出色的观察能力和分析判断能力，往往是将领必备的技能，需要注意的是，这两者是相互配合的，有的人非常善于观察局势，能够及时了解周边发生了什么事，也知道竞争对手面临什么样的情况，但是他们缺乏分析判断的能力，无法对相关的情况做出更合理的分析，不知道这些现象和行为背后究竟意味着什么。有的人则不善于观察，只关注自己，对敌军发生的一切都漠不关心，这类人根本不能很好地掌控局势，也很容易做出错误的决策。

战场上是这样，商场上往往也是如此，想要应对激烈的竞争环境，寻求自保和发展的机会，就一定要保持对市场的敏锐嗅觉，这种敏锐度需要强大的观察能力和分析判断能力作为支撑。很多企业家或者创业者之所以可以牢牢把握商机，寻求到最佳的投资机会，往往就是因为他们善于观察，能够在第一时间发现市场上的各种变动，能够从市场上搜集到有价值的信息，然后利用这些信息分析市场上的参与者，尤其是竞争者的相关情况，针对性地制订相应的措施。

比如，很多投资者在发现某公司大举回购本公司发行的股票，这意味着这家公司认为当前本公司股价被市场低估了，而且这家公司的现金流比较充足，没有将资金投入其他糟糕的项目中，这说明这家公司值得投资。又比如，当投资者发现很多股民疯狂购入某一只股票时，就需要保持警惕，这意味着有庄家正在吸引股民，庄家在抬高股价之后会选择抛售，套现离场，这个时候就需要选择冷静，绝对不能跟风。

　　总的来说，市场上的变动大都有一个成因和动机，想要经营并管理好团队，很多时候都需要借助信息系统进行决策。要懂得观察和判断，保持对市场的专注度；可以在团队内部构建一个有效的评估系统，确保自己的工作更加高效，也更有价值。

第四十五篇

将　情

夫为将之道，军井未汲[①]，将不言渴；军食未熟，将不言饥；军火未燃，将不言寒；军幕未施，将不言困；夏不操扇，雨不张盖，与众同也。

注释 ① 汲：从下往上打水。

译文

想要成为一名合格的将领，就要遵循以下带兵的原则：军营中的水井还没有打到水时，将领不要先喊口渴；部队里的饭菜还没有煮熟时，将领也不要先喊饿；军营中的火堆还没有点燃，将领不能先说冷；军中的帐篷还没有搭造完毕，将领不能先说困乏；夏天酷热，将领不要轻易地拿把扇子取凉；多雨天气，将领也不要先举伞避雨，总之，将领在各种生活细节上要注意与士兵相同，确保能够做到同甘共苦。

解　读

　　《将情》篇更多地讲述了将领对士兵的一些人文关怀，诸葛亮认为，一个合格的将领不能只想着下达指令，不能只想着指挥士兵四处征战，必须在军队管理中给予士兵更多的温暖，这种温暖并不是单纯地给予奖励，更多的还是在情感上提供慰藉，从而有效拉近彼此之间的关系，提升彼此之间的信任度。

　　诸葛亮觉得将领不能只想着自己，不能总想着凡事自己优先，而应该时刻考虑士兵们的利益，他们是否挨饿受冻了，是否困乏了，是否淋雨了，将领需要在生活上给予更多的关心和保护，让士兵感受到将领的真诚和关怀。

　　人文关怀本身就是团队管理的重要内容，一个优秀的团队应该是有温度的，应该具有浓厚的人情味，它不是一个靠权力驱动的冷冰冰的机器，军队是这样，企业更应该是这样。优秀的军队应该让士兵感受到制度约束以外的温暖，而优秀的企业同样应该让员工感受到管理阶层的关怀，从而提升他们的归属感和忠诚度。

　　从管理的角度出发，企业基本上都需要借助一些比较严格的管理方式，以及一些完全制度化的管理约束员工，规范员工的行为，但完全使用强制化的手段有时候反而会产生较大的负面作用，员工可能会对高压管理产生抵触情绪，对工作产生厌恶心理。近年来，有越来越多的员工产生了职业倦怠症，还产生了焦虑症、抑郁症、失眠等问题，其实这都与员工在工作中承受的巨大心理压力有关。即便很多公司提供了丰厚的物质奖励，但事实上，物质奖励的可持续性不会太强，因为当员工的物质需求得到满足之后，反而会对外来的各种激励产生抗力。

　　严格来说，管理最终强调对人的管理，毕竟人是企业中最重要的因素，也是价值的直接创造者，企业必须给予员工足够的重视和尊重，这样才能更好地利用人才。而人文关怀此时就显得尤为重要，通过一些生活和工作中的关怀，尽可能保障员工的利益，并创造一些情感上的有效互动，从而更好地赢得员工的信任。

比如，某公司为了更好地了解员工，了解员工的工作状态和身体状况，在每个部门内部都安排了两位心理医生，员工有任何问题都可以直接咨询，从而及时排遣内心的压力和其他负面情绪。不仅如此，对于那些身体健康出现问题的员工，公司会尽可能地提供好的医疗资源，帮助他们恢复健康。

除此之外，该公司还设置了家属接待日，公司每个月都会安排一天的时间让员工家属进入公司，公司不仅会安排专人进行招待，提供丰盛的午餐，还会安排一些互动节目和娱乐活动，让员工和家人一起放松。在家属接待日，员工是不需要工作的，他们可以好好陪着家人，享受一天的假期，公司会让员工陪着家属们参观公司，让家属们更充分地了解员工的工作环境。

人文关怀是人性化管理的一个重要部分，也是推动优秀企业文化建设的重要因素，现在已经有越来越多的企业开始重视人文关怀在管理中的价值，企业家和管理者在管理中表现出了更多人性化的举措，在他们看来，只有让员工们感受到家庭般的温暖，才能真正让员工融入企业这个大家庭中，并且表现出更大的忠诚和更大的工作热情。

需要注意的是，人文关怀通常也需要同制度管理结合起来，毕竟制度是推动企业正常运转的一个基本保障，任何一个企业想要获得发展，都需要依靠制度的约束和规范作用，如果没有强有力的制度支持，仅仅依靠人文关怀和情感维系还是难以管理好员工的，一个优秀的团队本身就应该有温度、有纪律。

第四十六篇

威 令

　　夫一人之身，百万之众，束肩敛息①，重足俯听，莫敢仰视者，法制使然也。若乃上无刑罚，下无礼义，虽贵有天下，富有四海，而不能自免者，桀、纣②之类也。夫以匹夫之刑令以赏罚，而人不能逆其命者，孙武、穰苴③之类也。故令不可轻，势不可逆。

注释

　①束肩敛息：缩肩屏息，形容很恭顺的样子。
　②桀、纣：桀是夏朝最后一个君主，纣是商朝最后一个君主，两人都是有名的暴君。
　③穰苴：春秋末期齐国人，著名的军事家。

译文

　　出色的将领能够以一己之力，让自己指挥的百万大军列队时恭恭敬敬，庄严肃穆，低头倾听号令，不敢抬头仰视，这正是严格实施军规法规的结果。如果将领赏罚不严，士兵不知礼义，那么即便掌控天下，尽占四海之内的财富，也难逃自我灭亡的悲惨命运，就像夏桀、商纣这样的暴君一样。如果将领在领兵的时候，赏罚公正严明，有理有据，那么军队中就没有人敢违背将领的命令，孙武和穰苴就是这种善用法制治理军队的人。因此，法令是不能轻视的，权威也是不可违抗的。

春秋时期，军事家孙武带着《孙子兵法》拜见吴王，吴王非常感兴趣，于是就想见识一下孙武是否真的具备出色的军事才能，为此他邀请孙武进入皇宫，让他去训练毫无作战能力的妃嫔和宫女。孙武领命之后，就让所有人穿上男士的军服，然后像士兵一样握着长戟操练，可是这些妃嫔和宫女从没吃过这样的苦，也没有将操练当成一回事，在操练场上表现得非常散漫，孙武击鼓传令时，妃嫔和宫女们甚至笑得东倒西歪，孙武多次强调后，她们仍旧没有任何收敛，尤其是领头的两位妃子不服从指令。为了确立自己的威信和操练的纪律，孙武让两位妃子出列，然后当着吴王的面直接斩杀了她们。而经过这件事，所有的妃嫔和宫女立刻被震慑住了，开始认真操练。

在军队中，权威、法令的重要性不言而喻，如果没有威严，将领也就失去了威慑力，就无法下达任何指令，整个军队的权力体系面临崩塌。如果没有法令或者法令不严，士兵们就会按照自己的想法做事，丝毫不受约束，军队内部就会陷入混乱无序的状态。正因为如此，诸葛亮在《威令》篇中专门强调了法令的重要性，他认为一支具有强大作战能力的军队往往有着严格的军规法规，士兵们如何列队，士兵们如何接听指令都有严格的要求，整个军队内部赏罚分明，士兵们也都通晓礼仪，做事情都有原则，这样一来，将领才能够利用自己的权威真正带领士兵在战场上杀敌立功。

企业管理在很多时候同军队管理有异曲同工之妙，权威是管理者必备的一个特质，因为管理者处于领导地位，对整个企业的发展和员工的发展负责，他们必须合理利用自己的地位、权力、能力等多方面的优势，有效管控好下属，并通过制度来约束和规范员工的行为，从而引导员工为实现企业的发展目标而奋斗。那么什么才是权威呢？简单来说，权威就是人们对权力的自愿服从与支持。在这个概念中，必须重点把握"自愿"这个词，它强调的是接受管理的人对于权力机制进行有效的反馈。

那么如何才能彰显出管理者的权威呢？

一是公正的赏罚。管理者的权威通常来源于管理，而对员工的赏罚往往能直观地展示权威，因此，管理者需要制订完善的制度，并严格按照制度执行，尽可能做到赏罚分明，确保内部的公平体系和信任体系不会遭到破坏，而这有助于提升他们的说服力和影响力。

二是以身作则。权威本身并不等同于权力，更像是一种信任，为了赢得员工的信任，管理者要以身作则，遵纪守法，严格按照规章制度办事，不做任何破坏企业文化的工作，不做任何违反企业制度的事情，努力工作，做出成绩，确保自己可以保持一个积极、正面的管理者形象，并以此来引导员工规范自己的行为。

三是拒绝特权。任何一个团队都具备相应的权力体系，而管理者是权力体系的核心，他们通常拥有更大的权力，但这些权力必须控制在制度规定的范围之内，管理者不应该享有任何特权，也不应该获得特殊的待遇，如果事事都搞特殊，容易引发员工的不满，也会因为破坏了公平体系而导致上下级之间信任的缺失。

四是行事果敢。一个有权威的人往往行事果敢，只要制订了合理的计划，就会毫不犹豫地执行下去，他们不会故意延迟和逃避，总是会在最短的时间内做出判断和决策，这样的管理者往往能够赢得员工的认同。

五是信守承诺。对于管理者来说，信守承诺是一个必备的基本道德素养，也是提升个人威严的重要指标，如果一个管理者答应员工的事没有做，许诺员工的好处没有落实到位，那么员工就会对他们失去信任，并且在工作中消极应对。

此外，需要注意的是，权威和法令向来都具有很强的关联性，想要提升管理者的权威，一定要制订完善的法令和政策，然后在平时的管理活动中坚持遵照法令法规行事。

第四十七篇

东 夷

东夷^①之性，薄礼少义，捍^②急能斗，依山堑^③海，凭险自固，上下和睦，百姓安乐，未可图也。若上乱下离，则可以行间，间起则隙生，隙生则修德以来之，固甲兵而击之，其势必克也。

注释

① 东夷：古时中原对东方各部落的统称。
② 捍：通假字，通"悍"，强悍的意思。
③ 堑：深沟，形容地形险阻。

译文

东夷这样不开化的少数民族，不守礼义，勇猛强悍，凶狠善战，他们依山傍海，凭借险要的地形，形成较强的防御能力。其内部一直团结和睦，百姓安居乐业，想要轻松战胜他们不可能。如果他们上下离心，出现不和的征兆，就可以用离间的办法，扩大他们的内部矛盾，制造混乱，使他们彼此产生嫌隙，此时再想办法实行仁德进行安抚，并配合强有力的军事进攻，双管齐下，就可以取得最终的胜利。

在《东夷》篇中，诸葛亮特意强调了征战东边少数民族的策略，因为这些少数民族经常会骚扰边境，严重影响了中原地区的社会安定，也影响了中原地区统治者的政权，所以必须想办法征服他们。不过，东边的少数民族大都没有经过礼仪的教化，凶狠善战，战斗力很强，而且他们拥有较强的地形优势，想要取胜非常难。更重要的是，这些少数民族非常团结，生活也非常安定，大家对首领非常敬重，一旦发起战争，可能会引发他们共同抗敌的决心。正因为如此，诸葛亮认为直接发动进攻并不是一个好的方法，最好的方式就是想办法用计谋离间他们之间的关系，从内部瓦解各民族、各部落之间的关系，通过制造矛盾冲突击垮他们，然后想办法运用仁德的政策进行安抚，运用强有力的军事行动进行威慑，确保顺利征服他们。

早在商朝时期，就有了中原国家征讨东夷的记载，即便是强大的商朝，也耗费了数百年的时间才征服了东夷，到了帝辛（商纣王）时期，彼此之间的战争才结束，商朝虽然获得了最终的胜利，却付出了很大的代价，多年的征讨导致国库空虚，国力下降，最终导致西方诸国崛起，商朝被西周取而代之，由此可见东夷的强悍。他们在地利和人和方面都具备优势，这是任何进攻者都会忌惮的，诸葛亮在书中强调不能强攻，只能离间的策略是正确的。

在竞争中，面对强敌时需要保持理智，绝不能使用蛮力强攻，正面强攻可能会造成"伤敌一千，自损八百"的不利结果，最好的办法就是从敌人内部瓦解对手的力量，而离间计就是非常实用的方法。比如，在现代的竞争体系中，企业之间就存在挖墙脚的现象，当一家企业面对强大的竞争对手时，会想办法用高薪诱惑对手的员工，这样的招数往往可以起到很好的效果。一方面，一旦挖人成功，将直接削弱对方的实力，并顺带增加自己的实力。另一方面，即便挖人不成功，这种行为也容易破坏对手内部的团结关系，管理者可能会对受到诱惑的员工心存忌惮，最终埋下分裂的隐患。

有一些企业并不一定挖墙脚，但是会故意接近竞争对手公司内部的员工，经常给他们灌输错误的思想，让他们对自己的公司和管理者滋生不满的情绪，一旦这种不满的情绪累积到一定程度，就会产生巨大的负面影响，员工可能会消极怠工，故意制造混乱，而这些都会影响公司的相关利益。也有一些企业为了给竞争对手制造麻烦，还会故意派遣员工进入对方的公司，然后以卧底的身份制造混乱和破坏，企业就可以乘虚而入。

那些强大的竞争者，之所以面临失败，甚至在竞争环境中被淘汰，往往都是内部矛盾丛生导致的，即便是强大的企业，它们的衰退往往也和内部的混乱有关。正如华为创始人任正非所说，即便是伟大的堡垒，往往也是从内部开始攻破的，这里谈到的堡垒从内部攻破包含两个方面：一方面是堡垒内部管理不当，导致内部出现各种腐败、矛盾、分裂现象，最终引发内乱；另一方面是外部势力的干扰，引发内部不同派系之间的激烈争斗，最终导致内部出现严重的混乱和分裂。

那些出色的竞争对手善于挖掘对方身上的漏洞，也善于通过巧妙的运作让对方的缺点暴露出来，甚至努力给对方制造漏洞，从对方内部入手，逐步进行瓦解，然后抓住这些漏洞发起攻击，提高成功的概率。相比于其他方法，从对手内部进行瓦解，往往风险更低，消耗更小，且效果也更好。

第四十八篇

南 蛮

南蛮①多种，性不能教，连合朋党②，失意则相攻，居洞依山，或聚或散，西至昆仑，东至洋海，海产奇货，故人贪而勇战，春夏多疾疫，利在疾战，不可久师也。

注释
① 南蛮：古时中原对南方各部落、各民族的统称。
② 朋党：利益集团、派别，多为争夺权力、排斥异己互相勾结而成。

译文

南部有许多小的部落和民族，他们的性情野蛮，不容易得到教化，这些民族常常拉帮结伙，联合不同的利益团体四处取利，可是一旦出现利益纠纷，彼此之间就反目成仇，互相攻伐。他们平时住在山洞里，有的民族聚集一处，有的民族则分散在各处，西到昆仑山、东到大海都是他们的活动范围，山里的珍品和海中的奇货，都在他们的狩猎名单上，以致这里的人个个贪婪好战。在南蛮之地，春夏两季经常瘟疫流行，此时如果对他们用兵，只能采取速战速决的策略，不可以持久对峙。

在古代，中原诸国向四周拓展疆域时，往往会与周边的少数民族发生军事冲突，而南方少数民族就是其中一个重要的军事目标，不过南方在古代往往被称作未开荒的野蛮之地，瘴气弥漫，瘟疫盛行，这里的人也不懂礼仪，处于愚昧野蛮的状态。

诸葛亮在治理蜀国时，就曾数次和南方少数民族作战，对他们非常了解，并且在长期作战中积累了丰富的经验。对于这些少数民族，诸葛亮一直采取包容教化的政策，坚持以攻心为上，《三国演义》中的七擒孟获而不杀，就是为了感化对方，让他心悦诚服地归顺蜀国，并且在后续的管理中还任用少数民族的首领担任要职，尊重少数民族当地的风俗习惯，可以说真正实现了用当地人治理当地人的目标，减少了少数民族的排斥。从某种意义上来说，在三国时期，诸葛亮安抚少数民族的政策是最先进、最有效的。

在征服南蛮的过程中，诸葛亮也认为南蛮人野蛮贪婪，单兵作战能力强，但缺点是族群过于分散，不够集中，加上缺乏协作意识，族群之间的关系比较脆弱，很容易因为利益纠纷而产生矛盾冲突，因此并没有太大的威胁。在面对这样的敌人时，要注意发兵时间，春夏两季是瘟疫高发期，士兵会面临巨大的风险，最好不要轻易发兵，即便出兵也一定要速战速决，绝对不能和他们打持久战和消耗战。

与征服东夷不同的是，南蛮的特点是单兵作战能力强但缺乏协作意识，彼此之间的关系比较脆弱，非常不稳定，这就使得他们的威胁性受到了一定的限制。不过南方的气候与北方并不一样，而且南方地区的开发也远远不如中原地区，很多地区交通不便，物资匮乏，加上瘴气横行，使得军队作战能力大打折扣。所以在作战的时候，首先，需要做好充分的准备，克服地理环境带来的各种不便；其次，寻求合适的时机发动进攻，最好不要在春夏季节出兵，即便要出兵，也不能打持久战；最后，运用计谋来分化各个民族和部落，比如，通过赠送物资、金钱进行各种利益诱惑，分化他们的队伍。

做好充分的准备，是为了应对对自己不利的竞争环境，对于竞争者来说，制订更合理的计划，做好更充分的物资准备和训练，并针对具体的环境做出调整，这样才不会显得太过于被动。

比如，一家企业想要去非洲做生意，那么就要了解非洲市场的基本情况，包括非洲的气候，非洲的政治环境、商业环境，非洲人的消费水平和消费倾向，还包括非洲市场的竞争对手，了解竞争对手的优势和市场分布情况。只有先了解了竞争对手的基本信息，做好准备，才能在复杂多变的市场上生存下去。

寻求合适的时机，则是为了确保在对方最虚弱或者最没有防备的时候出手，这样才能做到出其不意，攻其不备，给对手以沉重的打击。需要注意的是，那些依赖时机作战的竞争者，必须做到速战速决，绝不能拖延太久，因为时间越长，自己的消耗越大，危险程度越高。还有一点，时机往往转瞬即逝，如果战事拖得太久，那么原先有利的因素就会逐渐消失，战局对自己也会越来越不利。

比如，A 企业准备进军某市场，可是它最大的竞争对手也打算进军这个市场，只不过这个竞争对手目前正专注于另外一个项目，还需要一个月的时间资金才能周转过来，所以对于 A 企业来说，如果想要在新市场上获得胜利，就需要想办法快速解决战斗，尽可能在一个月内占领市场，否则等竞争对手资金周转过来，可以集中精力进军新市场时，A 公司就很难在竞争中占据优势。

分化对手则是一种基本的竞争策略，尤其是面对那些强大的对手时，最好的办法就是从内部削弱对方的实力，一些对手公司内部本身就不团结，经常因为利益划分而产生分歧，这个时候完全可以采取分化政策，通过利益诱惑的方式诱导对手阵营内的势力，从而削弱对手的实力。

总的来说，与那些强势的对手竞争，往往具有很大的风险，竞争者应当保持理性，寻求合适的机会，这样才能提高自己的成功率。

第四十九篇

西 戎

西戎^①之性，勇悍好利，或城居，或野处，米粮少，金贝多，故人勇战斗，难败。自碛石^②以西，诸戎种繁，地广形险，俗负强很^③，故人多不臣。当候之以外衅，伺之以内乱，则可破矣。

注释

① 西戎：古时西部少数民族的统称。
② 碛石：水中沙堆，引申为沙漠。
③ 很：通假字，通"狠"，凶狠的意思。

译文

西部的少数民族，性情勇悍，贪财好利，有的筑城居住，有的分散居住在野外，那里没有充足的粮食，但金银财宝很丰盈，他们个个勇猛善战，因此很难打败他们，使他们屈服。他们住在大漠以西，部落和种族众多，有广阔、险峻的地形，民风彪悍凶狠，不愿臣服于中原，所以只有等待时机，当他们遇到外族进攻，或者内斗不止时才可以乘虚而入，向他们发兵，从而彻底击败他们。

　　《西戎》篇中重点讲述了西戎人的特征和与之作战的基本思路，诸葛亮认为西戎民风彪悍、骁勇善战，加上住在沙漠、荒漠地带，可以依靠广阔、险峻的地形做好防备工作，具有易守难攻的特点。不过由于地理条件不佳，他们无法获取充足的粮食，这是一个很大的缺点，严重阻碍了他们的壮大。此外，西戎地区的人大都贪财好利，当地又拥有很多金银财宝，这就直接导致部落之间经常为了争夺财宝而发生斗争，一些实力强横的外族人也对他们虎视眈眈，等待时机抢夺财富。所以诸葛亮认为想要打败和征服西戎，绝对不能长驱直入，选择硬碰硬，因为西戎各个部落占据地利，而且善于作战，这对任何竞争者来说都是不利的，加上战线很长，补给也很容易出现问题。最好的方法就是等，等到外族人进攻西戎，或者西戎因为财富分配问题产生内斗，这时才可以趁机发兵，彻底消除隐患。

　　诸葛亮在面对西戎时，提出了作战的基本战略，那就是等待西戎发生战争，这样就可以造成严重的消耗，从而方便自己动手。诸葛亮认为以最小的消耗去战胜敌人才是最有效的策略，所以他认为最好的方法就是坐山观虎斗，等待敌人两败俱伤，然后再选择合适的时机出手，彻底击垮敌人。

　　想要做到这一点，竞争者需要拥有大局观，《战国策·秦策二》中就谈到了相关的问题：无论是上战场，还是做生意，竞争者都要巧妙地运用坐山观虎斗的计谋，要做到以静制动，不断蓄力和蓄势，然后看准时机一击命中，获取最大的收益。而在此之前，竞争者需要重点把握两点：第一，要观察和了解潜在的"虎"有多少，观察他们是否是利益的追求者。了解每一只"虎"的实力，了解他们最大的利益触点是什么，什么时候可能会入局参与竞争。第二，并不是所有潜在的"虎"都会站出来抢夺利益，优秀的竞争者会观察形势，然后想办法让那些斗志不够旺盛的"虎"积极入局，参与到利益争夺战中，这样就可以创造出"斗"的局面，从而为自己的出击创造机会。

比如，甲和乙同时进军某一产业，两个人的商业实力差不多，因此被认定在未来一段时间内都是势均力敌的对手。不过甲知道市场上的竞争对手有很多，不能仅仅将注意力放在乙身上，为了打造更好的生存环境，他做事非常低调，不仅有意控制好规模，还要求所有员工不要对外声张，更不能随意打广告宣传。反观乙，为了获得更多的关注，一直表现得很高调，而且还投入巨资打广告，结果，这一番操作引起其他竞争对手的嫉妒，为了抢夺市场，一些实力较强的对手直接针锋相对，势必要将表现日益强势的乙打压下去。经过一番缠斗，乙的发展计划受到很大的影响，市场上的相关资源也受到了限制，消耗非常大。正当乙与其他竞争对手争得不可开交时，甲突然杀出，收拾残局，一举成为市场上最具实力的企业，短时间内成功控制了一半的市场份额。

在竞争中，人和往往被视作比天时、地利更重要的要素，一支优秀的团队往往非常重视人和，与此同时，也要想办法破坏竞争对手的人和，想办法抓住时机击垮对方。一般来说，想要破坏对方的人和，等待对方遭遇外忧内困时出击，那么就一定要善于等待机会和创造机会。

等待机会一般是指等待对方陷入竞争和缠斗时乘虚而入，创造机会则是想办法给对方制造麻烦和压力，有必要的话可以给对方制造新的对手，达到彼此消耗的目的。或者运用离间计来挑拨对方内部不同势力之间的关系，从而瓦解对方的阵营，达到削弱对手的目的。总的来说，一个优秀的竞争者需要做到以静制动，静观其变，等到最佳的机会出现时，再竭尽全力出击。

第五十篇

北 狄

北狄^①居无城郭，随逐水草，势利则南侵，势失则北遁，长山广碛，足以自卫，饥则捕兽饮乳，寒则寝皮服裘，奔走射猎，以杀为务，未可以道德怀之，未可以兵戎服之。汉不与战，其略有三：汉卒且耕且战，故疲而怯，虏但牧猎，故逸而勇，以疲敌逸，以怯敌勇，不相当也，此不可战一也。汉长于步，日驰百里，虏长于骑，日乃倍之，汉逐虏则赍^②粮负甲而随之，虏逐汉则驱疾骑而运之，运负之势已殊，走逐之形不等，此不可战二也。汉战多步，虏战多骑，争地形之势，则骑疾于步，迟疾势悬，此不可战三也。不得已，则莫若守边。守边之道，拣良将而任之，训锐士而御之，广营田^③而实之，设烽堠而待之，候其虚而乘之，因其衰而取之，所谓资不费而寇自除矣，人不疲而虏自宽矣。

注释

① 北狄：古代对北方各少数民族的泛称。
② 赍：携带。
③ 营田：屯田。

译文

北方地区的少数民族没有固定的处所，哪里水草丰富，他们就在哪里居住，当形势对自己有利时，他们就南下入侵中原，当形势对自己不利时，他们就逃到更远的北方。他们凭借连绵不绝的山峦和广阔无边的沙漠，拥有强大的自我防御能力。饥饿的时候他们捕食野兽，喝牛奶、羊奶；寒冷的时候，他们就把兽皮制作成衣被，将貂裘制作成衣服，奔走射猎，捕杀动物是他们每天必做的事情，这样的民族，既不能直接用道德感化他们，也不能用武力征服他们。汉族不对他们用兵的理由主要有三点：一是汉族的士兵一面耕作一面战斗，容易陷入疲惫胆怯的状态，而北方的民族以狩猎为生，一边打猎一边放牧，他们安逸而勇敢，用疲劳对抗安逸，用胆怯对抗勇敢，是无法获得胜利的。二是汉族的士兵多为步兵，以步行为主，一天只能走一百多里路，少数民族的军队擅长骑马，多是骑兵，每日的行程数倍于汉族军队。汉族军队在追击北方民族时往往需要随身携带粮草和装备，而北方民族的军队在追击汉族军队时直接用战马运载这些军需品，双方的运输形式不同，互相追击的速度也不在一个层次上。三是汉族士兵多步兵，徒步作战，北方民族多骑兵，以轻骑作战，双方在争夺有利的地势时，骑兵明显要比步兵更快，双方的机动性存在很大的差距。所以在对付北方民族时，不到逼不得已的时候，最好的方式还是采取守势，以守卫边疆为主。而守卫边疆的良策是：派遣那些有德才的人担任边疆将领，训练精锐的士兵进行防御，平时需要大规模屯田种粮充实仓库，设置烽火台和哨卡观察敌情，等到北方民族内部虚弱时乘虚而入，等到势力衰竭时一举打败他们。这样的话，不必动用太多的人力、物力就能使北方民族自取灭亡，不必兴师动众，北方民族入侵边境制造的紧张局势就会缓和下来。

解 读

如果说东夷、南蛮、西戎人依据地理环境和强悍的作战能力就可以给其他势力制造各种麻烦，那么北狄带来的危害更甚，相较于东夷、南蛮、西戎，北狄在历史上一直都是中原文明的心头大患，他们是入侵中原持续时间最久的，制造的麻烦也是最大、最多的。原因很简单，北狄大都兵强马壮，善于骑射，每一个士兵都表现得骁勇善战，还有一点很重要，北狄属于游牧民族，习惯了逐水草而居，并没有固定的根据地，常常打了就跑，让中原军队很难做出有效的防御和追击。

诸葛亮就对北狄军队做出过详细的分析，他认为汉族士兵闲时要务农耕种粮食，战时要上场杀敌，容易陷入疲惫怯战的状态，而习惯了一边放牧、打猎，一边参与战争的北狄，则表现得异常勇猛。他认为北狄善于骑马，运动战能力突出，可以实现快速奔袭和突然袭击，比汉族的步兵更加灵活，机动能力要强很多，而且骑马的队伍往往可以运送更多的物资。正因为面临诸多劣势，诸葛亮认为盲目发起进攻或者主动追击北狄都不是明智的，最好的方式还是以守为攻，保持守势，国家应该安排有能力的将领守卫边疆，然后用心训练士兵，大规模屯田种粮食，确保粮草物资的充足，积极为以后的军事战争做好充分的准备。不仅如此，国家还要积极在边境线上设置烽火台和其他一些观察敌情的岗哨，确保可以在第一时间实现军事预警。只要坚持这样的守势，就可以等待北狄衰弱时趁机发起进攻，从而以最小的代价来击垮对方，实现边境的长久安定。

在历史上，很多军事家为了打败敌人，都会采用"打呆仗"的策略，尽可能使用"高筑墙、广积粮"的方式来同对手打消耗战，因为他们知道一旦直接硬碰硬，可能会给己方带来巨大的麻烦，甚至会给军队带来灭顶之灾，所以会采取防守策略，等到对方消耗得差不多时再出手，从而增加胜算。这种作战方式有时候看起来有些"呆"，但实际上，在面对强大的对手时往往具有很好的效果，可以通过持久战的方式过度消耗对手的资源和耐心，为自己创造出更好的作战机会。

以股票投资为例，有的人喜欢短期操作的方式，每隔一段时间就会买入卖出，这种方式往往会带来很大的风险，而且操作难度很大，投资者不得不频繁和很多优秀的投资者竞争，这对自己的能力、技巧、运气、资金都是一种考验。很多优秀的投资者则会以守为主，他们不会轻易进行投资，而是慢慢积累资金，花费更多的时间等待更好的投资机会。他们在选定目标之后，会想办法长期持有股票，而不会到处投资，无论面对什么样的对手，他们都可以保持战略耐性。这种保持守势的投资者能够应对激烈的投资环境，坚持以稳定为主，不会让自己承受巨大的风险。

在竞争中，以守为攻是一种比较稳妥的策略，尤其面对非常强大的对手时，一定要谨慎行事，立足于基本面，做好对环境的分析，评估双方的实力，并对行动之后可能产生的结果进行预估。一般来说，以守为攻更加看重对现有资源和实力的保护，竞争者不求获得更多，但是一定要确保现有的实力和利益不会受到损害。不仅如此，以守为攻看重对机会的把握，守并不是最终的目的，保持守势只是为了等待更好的竞争机会。所以一个真正强大的竞争者不仅善于进攻，更要懂得如何防守，并真正做到转守为攻。